# 语文常谈

附：未晚斋杂览

吕叔湘 著

生活·讀書·新知 三联书店

# 写在前面

曾任中国社会科学院语言研究所所长的吕叔湘先生，是当代著名语言学家。1964年春，他应《文字改革》月刊之邀，开始连载有关语言、文字常识问题的文章。作者抛弃“行话”，联系日常生活，通过有趣的例证、生动的比喻，甚至一些笑话、故事来说明语言现象。文字深入浅出，对于提高语文水平甚有帮助，因此广受欢迎，于1980年结集出版，取名为《语文常谈》。作者在序中说：

> 给这些文章取个名字，无非是说，这些文章内容既平淡无奇，行文也没有引经据典，当不起“概论”、“基础”之类的美名，叫做“常谈”比较恰当。希望有些读者在看小说看电视看得腻味的时候，拿来换换口味，而不至于毫无所得就是了。
>
> ……有人说，“中国话”就是没有“文法”，历代文学家都不知道什么叫“文法”却写出好文章，可是他回答不上来为什么有的话公认为“通”，有的话公认为“不通”，后者至少有一部分是

由于不合“文法”。不幸的是，诸如此类的意见不是来自工农大众，而是来自一部分知识分子。这说明关于语言文字的知识确实还有待于普及。这本小书就算是这方面的一个小小尝试吧。

全书共分八章，重点分别为：一、语言与文字的辩证关系；二、汉字的语音、音韵；三、文字三要素的形、音、义；四、语句的结构；五、词义和句义；六、古今语言的变化；七、各大方言及推广普通话；八、汉字改革与汉语拼音。别看篇幅短小，这却是一本很有分量的普及读物，有实用价值，知识性也很强，如旧字典中的反切法、古典诗词中的压韵问题，都有精要的叙述。

吕叔湘先生还是一位翻译家。《未晚斋杂览》收录的七篇读书札记，就是介绍外国作家和作品的，曾在《读书》杂志刊出。“‘未晚’者已晚也。旧时训诂学里有‘反训’这么一个项目，现在也还有训诂学家热心研究。”这些文章既生动幽默，又可见学者的修养与识见，1994 年亦结集纳入“读书文丛”。

1998 年，“三联精选”第一辑选入《语文常谈》；时隔八年出版的“中国文库”本将《未晚斋杂览》收作附录；今复收入本“文库”，以飨读者。

生活·讀書·新知三联书店编辑部

2008 年 10 月

# 目　次

## 语文常谈

## 末晚斋杂览

# 语文常谈

# 序

吕叔湘

1964 年春天，有一天《文字改革》月刊的编者来看我，问能不能给那个刊物写点有关语言文字的普及性文章。结果就是后来在《文字改革》月刊上分期发表的《语文常谈》。原来计划写八篇，可是刊出七篇之后，“文化大革命”来了，杂志停刊，第八篇也流产了。后来也曾经想把旧稿整理整理印成一本小书，可是那几年的风气是以不读书为贵，也就迟迟没有着手。最近受到一些相识和不相识的朋友们的督促，才又鼓起劲来修修补补送给出版社，离开最初发表已经十六个年头过去了。

给这些文章取这么个名字，无非是说，这些文章内容既平淡无奇，行文也没有引经据典，当不起“概论”、“基础”之类的美名，叫做“常谈”比较恰当。希望有些读者在看小说看电视看得腻味的时候，拿来换换口味，而不至于毫无所得就是了。

说起来也奇怪，越是人人熟悉的事情，越是容易认识不清，吃饭睡觉是这样，语言文字也是这样。比如有人说，文字和语言是平行的、谁也不倚赖谁的两种表达意义的系统；你要是拿拼音文字来做反证，他就说“此汉字之所以可贵也”，他没有想过如果汉字都没有读音，是否还能够表达意义。又有人说，汉字最美，“玫瑰”二字能让你立刻看见那娇嫩的颜色，闻到那芬芳的香味，一写成 méigui 就啥也没了；他大概认为英国人、美国人、法国人的 rose，德国人的 Rose，西班牙人、意大利人的 rosa 全都是无色无臭的标本。还有人说，“中国话”就是没有“文法”，历代文学家都不知道什么叫“文法”却写出好文章；可是他回答不上来为什么有的话公认为“通”，有的话公认为“不通”，后者至少有一部分是由于不合“文法”。不幸的是，诸如此类的意见不是来自工农大众，而是来自一部分知识分子。这说明关于语言文字的知识确实还有待于普及。这本小书就算是这方面的一个小小尝试吧。

1980.4.4

# 1. 语言和文字

## 只有人类有真正的语言

语言，也就是说话，好像是极其稀松平常的事儿。可是仔细想想，实在是一件了不起的大事。正是因为说话跟吃饭、走路一样的平常，人们才不去想它究竟是怎么回事儿。其实这三件事儿都是极不平常的，都是使人类不同于别的动物的特征。别的动物都吃生的，只有人类会烧熟了吃。别的动物走路都是让身体跟地面平行，有几条腿使几条腿，只有人类直起身子来用两条腿走路，把另外两条腿解放出来干别的、更重要的活儿。同样，别的动物的嘴只会吃东西，人类的嘴除了吃东西还会说话。

记得在小学里读书的时候，班上有一位“能文”的大师兄，在一篇作文的开头写下这么两句："鹦鹉能言，不离于禽；猩猩能言，不离于兽。"我们看了都非常佩服。后来知道这两句是有来历的，只是字句有些出入。[①]又过了若干年，才知道这两句话都有问题。鹦鹉能学人说话，可只是作为现成的公式来说，不会加以变化（所以我们管人云亦云的说话叫"鹦鹉学舌"）。只有人们的说话是从具体情况（包括外界情况和本人意图）出发，情况一变，话也跟着一变。至于猩猩，根据西方学者拿黑猩猩做实验的结果，它们能学会极其有限的一点符号语言，可是学不会把它变成有声语言。人类语言之所以能够"随机应变"，在于一方面能够把语音分析成若干音素（当然是不自觉地），又把这些音素组合成音节，再把音节连缀起来，——音素数目有限，各种语言一般都只有几十个音素，可是组成音节就可以成百上千，再组成双音节、三音节，就能有几十万、几百万。另一方面，人们又能分析外界事物及其变化，形成无数的"意念"，一一配以语音，然后综合运用，表达各种复杂的意思。一句话，人类语言的特点就在于能用变化无穷的语音，表达变化无穷的意义。这是任何其他动物办不到的。

---

① 《礼记·曲礼》：鹦鹉能言，不离飞鸟；猩猩能言，不离禽兽。

人类语言采用声音作为手段，而不采用手势或图画，也不是偶然。人类的视觉最发达，可是语言诉之于听觉。这是因为一切倚赖视觉的手段，要发挥作用，离不开光线，夜里不成，黑暗的地方或者有障碍物的地方也不成，声音则白天黑夜都可以发挥作用，也不容易受阻碍。手势之类，距离大了看不清，声音的有效距离大得多。打手势或者画画儿要用手，手就不能同时做别的事，说话用嘴，可以一边儿说话，一边儿劳动。论快慢，打手势赶不上说话，画画儿更不用说。声音唯一不如形象的地方在于缺乏稳定性和持久性，但在原始社会的交际情况下，这方面的要求是次要的，是可以用图形来补充的。总之，正是由于采用了嘴里的声音作为手段，人类语言才得到前程万里的发展。

## 文字不能超脱语言

自从有了人类，就有了语言。世界上还没有发现过任何一个民族或者部落是没有语言的。至于文字，那就不同了。文字是在人类的文化发展到一定阶段的时候才出现的，一般是在具有国家的雏形的时候。直到现在，世界上还有很多语言是没有文字的，也可以说，没有文字的语言比有文字的语言还要多些。最早的文字也只有几千年的历史，而且就是在有文字的地方，直到不久以前，使用文字的也还是限于少数人。

文字起源于图画。最初是整幅的画，这种画虽然可以有表意的作用，可是往往意思含糊不清，应该怎么理解取决于具体环境，例如画在什么地方，是谁画的，画给谁看的，等等。这种图画一般都比较复杂，这里设想一个简单的例子来说明。比如画一个井，里边画三只兔子。如果是一个猎人画在一棵树上的，就可能是表示附近的陷阱里有三只兔子，要后边来的伙伴处理。如果是画在居住的洞壁上的，就可能表示猎人们的愿望，这种画有法术的作用，那里边的三只兔子就不是确实数目而只是许多兔子的意思。

图画发展成为文字，就必须具备这样一些特点：（1）把整幅的画拆散成个别的图形，一个图形跟语言里的一个词相当。（2）这些图形必得作线性排列，按照语言里的词序。比如先画一个井，再画三个直道儿或横道儿，再画一个兔子，代表“阱三兔”这样一句话。如果把三个道儿画在井的前边，就变成三个陷阱里都有兔子的意思了。（3）有些抽象的意思，语言里有字眼，不能直接画出来，得用转弯抹角的办法来表示。比如画一只右手代表“有”，把它画在井的后边，就成为“阱有三兔”。这种文字是基本上象形的文字，但是可以念，也就是说，已经跟语言挂上钩，成为语言的视觉形式了。

到了这个阶段以后，为了便于书写，图形可以大大简化（图案化，线条化，笔画化），丝毫不损害原来的意思。从汉字形体变化的历史来看，甲骨文最富于象形的味道，小篆已经不太像，隶书、楷书就更不用说了。从形状上看，第二阶段的零碎图形和第一阶段的整幅画很相似，第三阶段的笔画化图形和第二阶段的象形图形可以差别很大。但是从本质上看，象形文字和表意画有原则上的区别，而象形文字和后来的笔画化的文字则纯粹是字形上的变化，实质完全相等。

图画一旦变成文字，就和语言结上不解之缘。一个字，甚至是最象形的字，也必然要跟一定的字音相联系；表示抽象意思的字，笔画化了的字，就更加离不开字音了。这样，语言不同的人看不懂彼此的文字，哪怕是象形成分最多的文字。假如一个人的语言里的“有”和“右”不同音，他就不懂一只手夹在一个井和三只兔子中间是什么意思。

文字发展到了这种“词的文字”之后，仍然有可能进一步发展成纯粹表音的文字，这将来再谈。这里所要强调的是：尽管文字起源于图画，图画是与语言不相干的独立的表意系统，只有在图画向语言靠拢，被语言吸收，成为语言的一种形式（用图形或笔画代替声音）之后，才成为真正的文字。

对于文字和语言的关系没有好好思考过的人，很容易产生一些不正确的理解。很常见的是把文字和语言割裂开来，认为文字和语言是并行的两种表达意思的工具。这种意见在我国知识分子中间相当普遍，因为我们用的是汉字，不是拼音字。有人说，文字用它自己的形体来表达人的思维活动、认识活动。当人们写文字的时候，目的在写它的思想而不仅为的是写语言；当人们看文字的时候，也只是看它所包含的内容，不一定把它当作语言；只有把它读出来的时候，才由文字转化为语言。这个话显然是不对的。文字必须通过语言才能表达意义；一个形体必须同一定的语音有联系，能读出来，才成为文字。如果一个形体能够不通过语音的联系直接表达意义，那就还是图画，不是文字。代表语言，也就是能读出来，这是文字的本质，至于写的时候和看的时候读出或者不读出声音来，那是不关乎文字的本质的。事实上，教儿童认字总是要首先教给他读音；不通过语言而能够学会文字的方法是没有的。粗通文字的人看书的时候总是要“念念有词”，哪怕声音很小，小到你听不见，你仍然可以看见他的嘴唇在那儿一动一动。完全不念，只用眼睛看（所谓“默读”），是要受过相当训练才能做到的。

有人拿阿拉伯数字和科学上各种符号作为文字可以超脱语言的例子。这也是只看见表面现象，没有进一步观察。数字和符号也都是通过语言起作用的，不过这些符号是各种语言里通用，因此各人可以按照各自的语言去读罢了。例如“1，2，3”可以读成“一，二，三”，可以读成“one，two，three”，可以读成“один，два，три”，等等，但是不把它读成任何语言的字音是不可能的。而况在任何语言的语汇里这种符号都只是极少数呢?

## 语言和文字也不完全一致

文字（书写符号）和字音不可分割，因而文字（书面语）和语言（口语）也就不可能不相符合。但是事实上文字和语言只是基本上一致，不是完全一致。这是因为文字和语言的使用情况不同。说话是随想随说，甚至是不假思索，脱口而出；写东西的时候可以从容点儿，琢磨琢磨。说话的时候，除了一个一个字音之外，还有整句话的高低快慢的变化，各种特殊语调，以及脸上的表情，甚至浑身的姿态，用来表示是肯定还是疑问，是劝告还是命令，是心平气和还是愤愤不平，是兴高采烈还是悲伤抑郁，是衷心赞许还是嘲讽讥刺，等等不一；写东西的时候没有这一切便利，标点符号的帮助也极其有限。因此，说话总是语汇不大，句子比较短，结构比较简单甚至不完整，有重复，有脱节，有补充，有插说，有填空的“呃、呃”，“这个，这个”；而写文章就不然，语汇常常广泛得多，句子常常比较复杂，前后比较连贯，层次比较清楚，废话比较少。这都是由不同的使用条件决定的。另一方面，语言和文字又互相作用，互相接近。语言里出现一个新字眼或者新说法，慢慢地会见于文字，例如“棒”、“搞”、“注点儿意”；文字里出现一个新字眼或者新说法，慢慢地也会见于语言，例如“问题”、“精简”、“特别是”、“在什么什么情况下”。剧作家和小说作者得尽可能把人物对话写得流利自然、生动活泼，虽然不能完全像实际说话。而一个讲故事或者作报告的人，却又绝不能像日常说话那样支离破碎，即使不写稿子，也会更像一篇文章。所以一个受过文字训练的人，说起话来应该能够更细致、更有条理，如果有这种需要。一个原来善于说话也就是有“口才”的人，也应该更容易学会写文章。

一般说来，文字比语言更加保守。这是因为人们只听到同时代的人说话，听不到早一时期的人说话，可是不仅能看到同时代的文字，也能看到早一时期的文字，能摹仿早一时期的文字，因而已经从口语里消失了的词语和句法却往往留存在书面语里。再还有一些特殊的著作，例如宗教经典、法律条文，它们的权威性叫人们轻易不敢改动其中的古老的字句；优秀的文学作品也起着类似的作用。在文字的保守力量特别强烈的场合，往往会形成文字和语言脱节的现象。中国、印度、阿拉伯国家、古代罗马，都曾经出现过这种情况。这时候，书面语和口语的差别就不仅是风格或者文体的差别，而是语言的差别了。但是只有在文字的使用限于少数人，也就是多数人是文盲的条件下，这种情况才能维持。一旦要普及文化，这种情况就必定要被打破，与口语相适应的新书面语就必定要取古老的书面语而代之。

## 语言文字要两条腿走路

在人们的生活中，语言和文字都有很大的用处，也各有使用的范围。面对面的时候，当然说话最方便；除非方言不通，才不得不“笔谈”。如果对方不在面前，就非写信不可；如果要把话说给广大地区的人听，甚至说给未来的人听，更非写成文章不可。（有了录音技术之后，情况稍有不同，也还没有根本改变。）人们既不得不学会说话，也不得不学会写文章，也就是说，在语言文字问题上，不得不用两条腿走路。可是自从有了文字，一直就有重文轻语的倾向。为了学习写文章，人们不吝惜十年窗下的工夫，而说话则除了小时候自然学会的以外，就很少人再有意去讲究。这也难怪。在古时候，语言只用来料理衣、食、住、行，也就是只派低级用场；一切高级任务都得让文字来担任。可是时代变了。三天两天要开会，开会就得发言。工业农业的生产技术以及其他行业的业务活动都越来越复杂，交流经验、互相联系的范围越来越大，以前三言两语可了的事情，现在非长篇大论不成。语言不提高行吗？再还有传播语言的新技术。有了扩音器，一个人说话能让几千人听见；有了无线电广播，一个人说话能让几千里外面的人听见。很多从前非用文字不可的场合，现在都能用语言来代替，省钱，省事，更重要的是快，比文字不知快多少倍。语言文字两条腿走路的道理应该更受到重视了。可是人们的认识常常落后于客观形势。学校的“语文”课实际上仍然是只教“文”，不教“语”。是应该有所改变的时候了，不是吗？

# 2. 声、韵、调

## 从绕口令说起

有一种民间文艺形式叫绕口令，又叫急口令，古时候叫急说酒令。例如，(1)“吃葡萄不吐葡萄皮儿，不吃葡萄倒吐葡萄皮儿”；(2)“板凳不让扁担绑在板凳上，扁担偏要板凳让扁担绑在板凳上”。这种话说快了准会说错字儿，比如把“葡萄皮儿”说成“皮条蒲儿”，把“扁担”说成“板担”，把“板凳”说成“扁凳”。这就叫绕口。绕口令为什么会绕口呢？因为这里头有双声、叠韵的字。

什么叫做双声、叠韵？用现在的名词来解释，双声就是两个字的声母相同，叠韵就是两个字的韵母和声调都相同。（如果不是完全相同，而只是相近，就只能叫做准双声、准叠韵。也有人不加分别。）刚才那两个绕口令里的双声、叠韵关系，可以这样来表示：

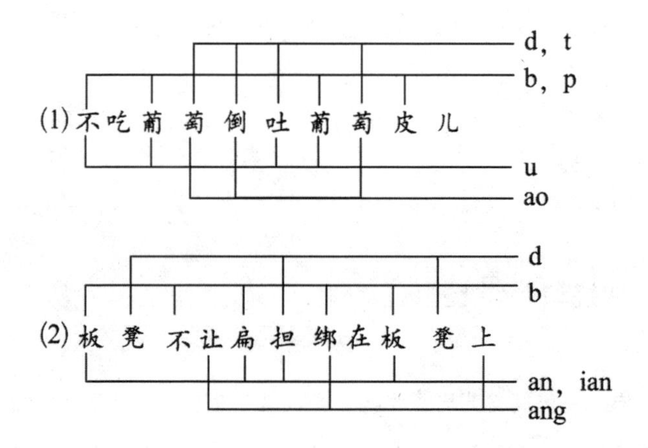


上面用横线连接的字是双声，底下用横线连接的字是叠韵。双声和叠韵的字都是字音一部分相同，一部分不同。把许多这样的字安插在一句话里头，说快了就容易“串”。

古人很早就发现汉语字音极容易发生双声、叠韵的关系，因而在语言中加以利用。例如古代有大量的“联绵字”，或者是双声，或者是叠韵。双声的像“留连、流离、辗转、颠倒、踌躇、踟蹰、踯躅、嗫嚅、鸳鸯、蟋蟀”。叠韵的像“逍遥、猖狂、绸缪、优游、踷跎、逡［qūn］巡、彷徨、徘徊”。现代的象声词也大都利用双声、叠韵关系，例如“丁当”是双声，“当啷”是叠韵，“丁零当啷”是又有双声又有叠韵。双声、叠韵的最广泛的用处是在诗歌方面，一会儿再谈。现在且说双声、叠韵在汉字注音方面的利用。

## 怎样给汉字注音

汉字不是表音的文字，不能看见字形就读出字音来，因此有注音的需要。最古的注音办法是“读如、读若”，用乙字比况甲字的音，就是现在所说直音法。直音法的缺点是很明显的：如果不认得乙字，也就读不出甲字；要是一个字没有同音字，那就根本无法注音。大约在魏晋时代，也就是一千七百年以前，产生了反切法。反切法用两个字切一个字，例如“光，姑汪切”。“姑”和“光”双声，“汪”和“光”叠韵，这就是所谓上字取其声、下字取其韵。反切法比直音法进步，所以一直应用了一千几百年。但是反切法还是有很大的缺点，主要是用来做反切上下字的总字数还是太多，一般字书里都在一千以上。也就是说，一个人必得先会读一千多字，才能利用它们来读其余的字。为什么要用到这么多字？这得先把汉语的字音解剖一番。

汉语里每个字的音，按传统的说法是由“声”和“韵”这两部分构成的。事实上，只有“声”是比较单纯，可以不再分析；“韵”却相当复杂，还可以进一步分析。首先应该提出来的是“声调”，就是字音的高低升降，古时候的“平、上、去、入”，现在普通话的“阴平（第一声）、阳平（第二声）、上声（第三声）、去声（第四声）”。把声调除开之后，“韵”还可以分成“韵头、韵腹、韵尾”三部分。换个说法，汉语里一个字是一个音节（只有极少数例外，如“瓩”念“千瓦”，“浬”念“海里”），一个音节包含声调、声母、韵头、韵腹、韵尾五个成分。这里面只有声调和韵腹是必不可少的，声母、韵头、韵尾不是必要的，有些音节里缺少这个，有些音节里缺少那个，有些音节里全都没有。用1，2，3，4代表声母、韵头、韵腹、韵尾，我们可以用下面这些字作各种音节结构的例子：

（1234）敲 qiāo　　（234）腰 iāo

黄 huáng　　王 uáng

（134）报 bào　　（34）傲 ào

|  |  |  |  |
|---|---|---|---|
|  | 潘 pān |  | 安 ān |
| （123） | 家 jiā | （23） | 鸦 iā |
|  | 瓜 guā |  | 蛙 uā |
| （13） | 苦 kǔ | （3） | 五 ǔ |
|  | 河 hé |  | 鹅 é |

每个音节都可以有声调变化，例如“敲 qiāo，瞧 qiáo，巧 qiǎo，窍 qiào”。有些音节四声不全，某一声有音无字，例如“光 guāng，○ guáng，广 guǎng，逛 guàng”。这就是汉语字音结构的基本情况。

反切法为什么要用那么多不同的上下字呢？首先是因为反切下字要管韵头、韵腹、韵尾、声调四个成分，只要有一个成分跟被切字不同，就不适用，因此字数就不可能太少。还有一个原因是历代编纂的各种字书的反切用字，有因袭也有创新，很不一致。例如“东”字，《康熙字典》引《广韵》德红切，又引《集韵》都笼切；旧《辞海》又作都翁切。

我们现在用汉语拼音字母来注音，比反切法进步多了。声母、韵头、韵腹、韵尾、声调，都只要用少数符号来表示：

声母：b，p，m，f，d，t，n，l，g，k，h，j，q，x，zh，

ch，sh，r，z，c，s。

韵头：i (y)，u (w)，ü 。

韵腹：a，o，e，i，u，ü 。

韵尾：i，o，u，n，ng。

声调：ˉ ˊ ˇ ˋ 。

这样，25 个字母加 4 个调号，就把注音问题全部解决了。

读者看到这里，大概会产生一些疑问：为什么有些韵头和韵腹，甚至韵尾，用相同的字母来表示（i，o，u，ü），为什么不用不同的字母来表示？还有 n 这个字母为什么又作声母，又作韵尾？还有 r，只列在声母，不列在韵尾，那个代表“儿化”的 r 又算什么？要知道这是因为汉语拼音字母不是按声母、韵母来设计，而是按元音、辅音的分别来制订的。声母、韵母是音韵学的概念，元音、辅音是语音学的概念。元音、辅音都是音素，就是语音的最小单位，每一个这样的单位，不管它出现在字音的哪一部分，总是用一个符号来表示，这是最经济的办法。a，o，e，i，u，ü 都是元音，元音主要用做韵腹，但是有的也可以出现在韵头、韵尾；n 是辅音，普通话的辅音都只作声母，只有 n 也作韵尾，另外

有一个辅音 ng，只作韵尾，不做声母。至于末了的 r，那不是韵尾，只表示发元音时舌头要有点儿卷起来。（zh，ch，sh，ng）用双字母表示一个音素，e 有 e 和 ê 两个音，u 有 u 和 ü 两个音，i 既用来表示“低、基”等字里的元音，又用来表示“知、痴”等字里的元音，这都是受拉丁字母的限制，不过它们的发音都有规定，拼读的时候并无疑难。

## 字音的三要素：声、韵、调

“声、韵、调”是了解汉语字音的基本概念，必须弄清楚。尤其是因为“声”和“韵”都有不止一种意义。拼音方案里声母的“声”是一种意义，声调的“声”，平声、上声、去声、入声的“声”又是一种意义。古时候只说“四声”，现在为了跟声母区别，才说“声调”。

“韵”也有两种意义。拼音方案里韵母的“韵”包括韵头、韵腹、韵尾，可是不包括声调。诗韵的“韵”就加上声调的因素，“东”和“董”韵母相同，但不是一个韵；可是不计较韵头，例如“麻、霞、华”是一个韵。叠韵的“韵”一般也不计较韵头。

关于声调，常说“四声”，得区别古音的四声和现代普通话的四声。古音的四声是平、上、去、入，普通话的四声是阴平、阳平、上声、去声。古音的平声在普通话里分化成阴平和阳平，古音的入声在普通话里分别变成阴平、阳平、上声或去声。有的方言里，上声、去声、入声也有分阴阳的，因此能有八个声调，也有只有五个、六个、七个的。

声调是汉语字音的不可缺少的部分，它的重要绝不在声母、韵母之下。有人以为声调好像是外加的，是可以拿掉的，这是一种误解。光写一个 ma，不标声调，你不知道是“妈”，是“麻”，是“马”，还是“骂”，干脆就是读不出来。有了上下文当然可以解决，可要是有上下文，去掉个把声母也不碍事，比如看见“qí shangle tā dezǎohóng… ǎ”，准知道是“骑上了他的枣红马”。说实在的，从远处听人说话，首先分辨不清的是声母，其次是韵母，最后只剩下声调还能辨别。前两天，收音机里播送天气预报的时候，我在另一间屋子里，“最高气温摄氏”之后只听到一个“ˇ度”，可是我知道不是五度就是九度。有一位朋友曾经说过，有时一边刷牙，一边还能跟人搭话，这时候声母韵母都不清楚，传递信息主要靠声调。有人能用马头琴等乐器模仿唱戏，熟习那段戏词的人就能从那声调的高低升降上听出字眼来。墨西哥的马札特克人吹口哨吹出一句话的声调，用来传话。都是证明。

从前填词、作曲，很讲究四声的分别，为的是使字儿和谱子协调，传统的戏词、大鼓书等也还顾到这一点，新编的歌曲就往往不怎么照顾了。大概字儿文点儿，唱腔花点儿，听众也就不大意识到字的声调；唱词越近于说话，唱腔越质朴，四声走了样就越显得别扭——听不懂不好受，听懂了更难受。许多人不爱听用汉语演唱的西洋歌剧，特别是里边类似道白的部分，就是这个缘故。

## 声、韵、调在文学上的应用

弄清楚声、韵、调的概念，是了解古典文学中许多现象的必要条件。叠韵的关系首先被利用来在诗歌里押韵。上古诗歌押韵以元音和谐为主，似乎声调不同也可以押韵。六朝以后用韵渐严，要求分别四声，后世的诗韵一直遵守这个原则。宋朝人作词，渐渐有上、去不分甚至四声通押的情况，韵部也归并成较少的数目。到了元曲，四声通押成为通例。现代的京戏和曲艺用的是“十三辙”，可算是最宽的韵类了。

押韵可以是全篇用一个韵，也可以在当中换韵。律诗总是一韵到底，很长的“排律”也是如此。古体诗有一韵到底的，也有几句换一个韵的，例如白居易的《长恨歌》，开头和结尾都是八句一韵，中间多数是四句一韵，有几处是两句一韵。词的用韵较多变化，举一首比较复杂的作例子，温庭筠的《酒泉子》：

花映柳条，闲向绿萍池上。凭栏干，窥细浪，雨萧萧。

近来音信两疏索，洞房空寂寞。掩银屏，垂翠箔，度春宵。

全首十句，除第三句和第八句不用韵外，其余八句花搭着押了三个韵：

这种用韵的格式在西洋诗里常见，汉语诗歌只有在词里才偶然见到。元曲用韵又归于简单，一般是一套曲子一韵到底。

作诗的人常常利用两字双声或叠韵作为修辞手段。例如杜甫的诗“吾徒自漂泊，世事各艰难”（《宴王使君宅》），“吾徒”、“艰难”叠韵，“漂泊”、“世事”双声。这种例子很多。又如韩愈的诗《听颖师弹琴》头上两句："昵昵儿女语，恩怨相尔汝。"按当时的语音，"昵女"双声，"儿尔汝"双声，这两组的声母以及"语"的声母在那个时代是同类（鼻音），此外"恩怨"也是双声。"女语汝"是叠韵，"儿尔"韵母相同，"昵"的韵母也大部分相同。这两句诗里边没有一个塞音或塞擦音的声母，并且除"恩"字外，韵母都有 i 介音，这样就产生一种跟这两句诗的内容配合得非常好的音乐效果。

利用双声、叠韵的极端的例子是全句甚至通首双声或者叠韵的诗。各举一例：

贵馆居金谷，关扃 [jiōng] 隔藁街。冀君见果顾，郊间光景佳。（庾信《示封中录》，通首双声）①

红栊通东风，翠珥醉易坠。平明兵盈城，弃置遂至地。（陆龟蒙《吴宫词》，四句各叠韵）

这已经越出修辞的正轨，只能算是游戏笔墨了。

在汉语的诗律里，比双声、叠韵更重要的，占主导地位的语

① "见果顾"似应为"果见顾"，这里是根据四部丛刊本。

音因素，还得数四声。四声之中，音韵学家把平、上、去归为一类，跟入声对立，文学家却把上、去、入归为一类，跟平声对立，称之为仄声。平声和仄声的种种组合，一句之内的变化，两句之间的应和，构成汉语诗律的骨架。稍微接触过旧诗的人，都知道“仄仄平平仄，平平仄仄平”等等，这里就不谈了。

正如有双声诗、叠韵诗一样，也有一种四声诗。例如陆龟蒙的诗集里有《夏日闲居》四首，每一首的单句全用平声，双句则第一首平声，第二首上声，第三首去声，第四首入声。引全平声的一首为例：

荒池菰蒲深，闲阶莓苔平。江边松篁多，人家帘栊清。为书凌遗编，调弦夸新声。求欢虽殊途，探幽聊怡情。

本来是平仄相间，构成诗律，现在全句、全首一个声调，当然也只能算是语言游戏了。

不但是诗律以平仄对立为它的核心，散文作者也常常利用平声和仄声的配合，特别是在排偶句的末一字上，使语句在声音上更加谐和，便于诵读。例如：

然则高牙大纛，不足为公荣，桓圭衮裳，不足为公贵。惟德被生民而功施社稷，勒之金石，播之声诗，以耀后世而垂无穷，此公之志而士亦以此望于公也。（欧阳修《昼锦堂记》）

野芳发而幽香，佳木秀而繁阴，风霜高洁，水落而石出者，山间之四时也。（欧阳修《醉翁亭记》）

嘉木立，美竹露，奇石显。由其中以望，则山之高，云之浮，溪之流，鸟兽之遨游，举熙熙然迴巧献技，以效兹丘之下。（柳宗元《钴鉧潭西小丘记》）

加○和△的是平声字，加●和▲的是仄声字，○和●是主要的，△和▲是次要的。以主要位置上的平仄而论，第一例是基本上用仄平平仄、平仄仄平的配列，节奏柔和，近于骈文和律诗。第二例四个排句的结尾是两个平声之后接着两个仄声，末句用平声字结。第三例的配列又不同，前面三个排句几乎全是仄声字，后面四个排句几乎全是平声字，结句的末尾用仄声，节奏十分挺拔，跟第一例形成显明的对比。

## 不必“谈音色变”

中国的音韵之学开始在六朝。那时候好像人人都对语音感兴趣似的。《洛阳伽蓝记》里记着一个故事：有一个陇西人李元谦爱说“双声语”，有一天打冠军将军郭文远家门口过，看见房子华美，说：“是谁第宅过佳?”郭家一个丫鬟叫春风的在门口，回答他说：“郭冠军家。”李元谦说：“凡婢双声。”春风说：“佇奴慢骂。”连一个丫鬟也懂得用双声说话，文人学士更不用说了。①

不知道为什么语音现象后来变得越来越神秘起来。到了现在，连许多从事语文工作的人也“谈音色变”，甚至把那简单明了的汉语拼音方案也看成天书，不敢去碰它，查字典总希望有直音。可是小学生却一点不觉得困难，很快就学会了。一般认为最难办的是辨别四声，小孩儿学起来却毫不费力。我家里有个八岁的孩子，刚进小学一年级不久，有一天问我：“一夜”的“一”该

① “是谁”双声，“第宅”准双声，“过佳”双声。“郭冠军家”双声，“凡婢”双声，“双声”双声，“佇奴”双声，“慢骂”双声。古音如此，有些字今音与古音不同，不是双声了。

标第一声还是第二声?原来“一”字单说是阴平即第一声,在去声字之前是阳平即第二声,“夜”是去声字,“一夜”的“一”实际发音是阳平,但教科书按一般惯例,凡“一”字都标阴平,所以小朋友有疑问。这不证明学会辨别声调并不是什么艰难的事情吗?

# 3. 形、音、义

## 形、音、义的纠葛

文字有形体、声音、意义三方面，这三方面的关系可以从两个角度来研究。或者是研究一个字的形、音、义的内部联系：这个字为什么这样写，这个字为什么读这个音，这种研究从《说文解字》以来就形成了一个传统，现在管它叫文字学；或者是研究不同的字在形、音、义方面的异同以及由此形成的错综复杂的关系，从前的文字学著作有的也附带讲点儿，后来又有《字辨》一类的书，供人参考和学习，但是缺少系统的论述。对一般人来说，知道一个字本身的形、音、义关系当然也有点儿好处，可是关于这个字和那个字的形、音、义的异同和关系的知识，也许更有实用价值，可以帮助他少念别字，少写别字。现在想就这个问题谈谈一般的情况。

最理想的文字应该是一个字只有一个写法（拼法）、一种读音、一个或者相近的一组意义；任何两个字都在形、音、义三方面互相区别。可惜世界上没有这种文字。以英语为例，一个字会有两种写法，像 enclose 或 inclose（封入），gaol 或 jail（监牢）；一个字会有两种读音，像 read（读）现在时念 [riːd]，过去时念 [red]，permit 动词（允许）念 [pəˈmit]，名词（允许状）念 [ˈpəːmit]；几个字的读音会完全相同，像 know（知道）和 no（不）都念 [nou]，right（右）、write（写）和 rite（仪式）都念 [rait]。就复杂的程度说，英语可以说是中等，有些语言比英语好

| cháng | 长 | 长短（1） |
| --- | --- | --- |
| | | 擅长，长于（1a） |
| zhǎng | 长 | 长幼，长辈（2） |
| | | 首长（校长）（2a） |
| | 涨 | 生长，增长（长大、长高）（3） |
| zhàng | | 增高（涨水、涨价）（3a） |
| | | （高涨）（3a） |
| | 胀 | 增多（钱涨出来了）（3b） |
| | | 增大（豆子泡涨了）（3c） |
| | | （热胀冷缩）（3c） |
| | | 过满（肚子发胀、头昏脑涨）（3d） |

些，可是汉语的情况比英语还要厉害些。请看下面这个例子：

三个读音，三个字形，三组意义，但不是一对一而是互相参差。zhǎng这个音联系两组意义；生长、增长这一组意义分属两个音，写成三个字；zhǎng和zhàng各有两种写法；“长”这个字形要为两个读音和三组意义服务。这种错综复杂的情形当然不多，可是一般程度的纠葛是很多的。

如果拿汉字做出发点，可以分别下面这些情况：

（1）一字多形——异体字；

（2）一字多音——异读字；

（3）一音多字——同音字；

（4）一字多义——多义字。

底下就按这个次序看看汉字的形、音、义交叉的情况，最后谈谈从语言的角度看，应该怎样认识这个问题。

## 异体字利少弊多

异体字是一个字的不同写法。两个或几个字形，必须音义完全相同，才能算是一个字的异体。例如“强、強、彊”是一个字，“窗、窻、牕、牎”是一个字。一般情况，异体字的形体总有一部分相同，上面这两组都是这样。可是也有全不相同的，例如“乃、迺”，“以、㠯”，“專、耑”，“野、埜”，等等。

有些字只在用于某一意义的时候才有另一种写法，用于另一意义的时候就不能那样写。例如“凋、琱、彫、雕、鵰”五个字形，只有一个是在任何场合都可以通用的。

| | | | | | |
|---|---|---|---|---|---|
| “草木零落” | 凋 | × | 彫 | 雕 | × |
| “镂刻，彩画涂饰” | × | 琱 | 彫 | 雕 | × |
| “鸷鸟” | × | × | × | 雕 | 鵰 |

真正的异体字并不太麻烦，麻烦的是这种部分异体字。再举两个例子：

纪、记（纪念、纪录、纪事）
纪（纪律、世纪）
记（记号、记忆、记者）

$$\begin{cases}\text{挫、剉、锉（少）（挫折、挫伤）}\\ \text{挫（抑扬顿挫）}\\ \text{锉、剉（锉刀、锉平）}\end{cases}$$

异体问题又常常跟异读问题纠结在一起。例如“强”有三种写法，同时有三种读音（qiáng，qiǎng，jiàng），不过字形和字音之间没有选择关系。下面是有选择关系的例子：

$$\text{讙}\begin{cases}\text{huān} = \text{欢}\\ \text{xuān} = \text{諠、喧}\end{cases}$$

$$\text{舍}\begin{cases}\text{shě} = \text{捨}\\ \text{shè} \neq \text{捨}\end{cases}$$

$$\text{叫 jiào}\begin{cases}\text{（叫唤）} & \left.\begin{matrix}\neq \\ \begin{cases}= \\ \neq\end{cases}\end{matrix}\right\} \left.\begin{matrix}\text{jiào}\\ \text{jiāo}\end{matrix}\right\}\text{教}\\ \text{（叫他走开）} & \end{cases}$$

异体字是汉字历史发展的产物，古书上的异体字也不可能一概取消。可是作为现代文字工具，异体字实在是有百弊而无一利，应当彻底整理一下。可是单纯异体字好处理，部分异体字处理起来可得费点心思。

## 异读字要尽量减少

异读字的情况比异体字复杂得多。异读字可以按几个读音是否相近分成两类，读音相近的又可以按意义的异同分开来谈。

读音相近的，它们的差别或者是声母不同，例如：

秘：mì，秘密；bì，便秘。

系：jì，系鞋带；xì，联系。

或者是韵母不同，例如：

薄：báo，纸很薄；bó，薄弱。

熟：shóu，饭熟了；shú，成熟。

或者是声调不同，例如：

骨：gú，骨头；gǔ，骨节、脊椎骨。

差：chā，差别；chà，差不多。

或者是声、韵、调里有两项或者三项不同，例如：

吓：hè，恐吓；xià，吓坏了。

壳：ké，鸡蛋壳儿；qiào，地壳。

虹：hóng，虹彩；jiàng，天上出虹了。

这些不同的读音往往是一个用在口语性较强的字眼里，一个用在书面性较强的字眼里。这些字的读音差别一般是有规律的：其中一部分在古时候只有一个读音，后来说话音和读书音分化了，形成“文白异读”的现象。各地方言都有这种现象，北京话不是最突出的。

有些异读字的一个读音专门用在姓氏或者地名上。例如：“任”一般念 rèn，姓念 rén，地名“任县、任丘”也念 rén；“华”一般念 huá，姓念 huà，地名“华山、华县、华阴”也念 huà；“堡”一般念 bǎo，地名“吴堡、瓦窑堡”等念 bǔ，“十里堡”等念 pù，也写做“铺”。

上面这些例子都可以说是读音的差别并不表示意义有多大差

别，只是使用的场合不同罢了。另外有些字，不同的读音所联系的意义已经有些距离。例如：

好：hǎo，好坏；hào，爱好。

缝：féng，缝补；fèng，缝儿。

传：chuán，传播；zhuàn，传记。

调：tiáo，调弦；diào，腔调。

这类字很多。它们的读音差别是古来就有的，规律性颇强，主要是用不同的声调表示不同的词类，声母的不同往往是声调不同引起的（如“传”、“调”）。这类字从语言的角度看，都应该算是两个字，不过关系很密切，可以叫做“亲属字”。

有些异读字，读音虽然相近，意义相差很远。从语言上看，不但不是一个字，也不能算是亲属字，只是几个字共用一个字形罢了。例如：

差：chā，差别；chāi，差遣。

炮：páo，炮制药材；pào，枪炮。

的：dí，的确；dì，目的；de，红的。

打：dǎ，敲打；dá，一打十二个。

末了这个例子最明显，一打的“打”是译音，跟敲打的“打”毫无关系。枪炮的“炮”原来写做“礮”，红的白的的“的”原来写做“底”，也可以证明两个“炮”和两个“的”都是没有关系的。（的确的“的”和目的的“的”意义相关，古时候读音相同，是一个字，现在读音不同，也许得算两个字。）

另一类异读字的读音相差很大。有的是意义相同，例如“尿”有 niào 和 suī 两读，“拗”有 ào 和 niù 两读。这往往是不同方言混合的结果。有的是意义毫无关系，是借用字形的结果。例如古代三十斤为钧，四钧为石，是重量单位。粮食论斗，是容量单位；因为十斗粮食的重量大致相当于一石，所以粮食也论石，一石等于十斗，又成了容量单位（至今有些方言里粮食还是论“石”）。后来又因为一石粮食恰好是一个人所能挑担的重量，于是一石又称一担，可是仍然写做“石”，于是“石”就在 shí 之外又添了 dàn 这个音。广西壮族一度写做僮族，写“僮”读 zhuàng，借用僮仆的“僮”tóng，于是“僮”字就有了两个读音。这种现象就是日本人所说的“训读”——借用汉字代表日语的字眼，不取汉字的音而用原有字眼的音来读，例如写“人”可是读 hito，写“山”可是读 yama。这种异读字，无论是方言混合的结果，或者是借用字形的结果，既然声音相差很远，在语言里都得认为是不同的字。

还有一些古代的译名，有传统的读法，跟汉字的现代音不同。例如“大宛”读 dà-yuān，“龟兹”读 qiū-cí，“单于”读 chán-yú，“冒顿”读 mò-dú。这是另一类异读字。

异读字也是历史发展的结果，可是在文字的学习上增加不小的困难。普通话审音委员会已经删汰了不少异读，保留下来的是委员会认为有区别意义的作用或者使用场合不同的。可是大多数字都只有一个读音，一字一读是合乎文字功能的原则，因而也是深入人心的趋势。因此只有几个读音都是常常应用，势均力敌，才能长久并行，例如“长” cháng 和“长” zhǎng，“乐” lè 和“乐” yuè。否则比较少用的读音很容易被常用的读音挤掉，例如“间接”不说 jiànjiē 而说成 jiānjiē，“处理”不说 chǔlǐ 而说 chùlǐ，“从容”不说 cōngróng 而说成 cóngróng，“一唱一和”的“和”不说 hè 而说成 hé，不但常常可以从一般人嘴里听到，而且也常常可以从电影里、舞台上和广播里听到。是不是有一天会“习非成是”呢？谁也不敢预言。

与此有关的是文言里的破读问题。例如“解衣衣我，推食食我”的第二个“衣”字读 yì，第二个“食”字读 sì；“故王之不王，不为也，非不能也”的第二个“王”字读 wàng。有人说这种破读是注家的造作，不一定在实际语音上有根据。也有人认为当时语音确实有分别，现代还有不少用声调表示词类的字，可以作证。作为语言史上的问题，可以进一步研究，但是作为现代人学习文言的问题，也未尝不可以另作考虑。现代的异读是活在人们口头的，尚且有一部分已经在逐渐被淘汰，古代的异读只存在于古书的注释中，自然更不容易维持。还有一说，文言里的字已经全用现代音来读，很多古代不同音的字都已经读成同音，唯独这些破读不予通融，是不是也有点儿过于拘泥呢?

## 同音字数量繁多

同音字可以按意义是否相关分成两类。意义不相关的，像“工、公、弓、公”，“电、店、殿、惦”，例子多得很，不必列举，也没有什么可讨论的。意义相关的同音字可就不同了。它们的意义联系不是偶然的，是跟字音有关的，例如“崖”和“涯”，“亭”和“停”，“方”和“坊”，“椅”和“倚”，“曆”和“歷”。

这些字是古时候就同音的。也有古时候只是读音相近，后来变成完全相同的，例如“蕿”和“𫇭”，“座”和“坐”（古上声）。此外还有从古到今都只是读音相近而不是完全相同的，例如“长、张、帐”，“孔、空、腔”，“叉、杈、汊、岔”（后三字同音），“环、圈、圆、旋”，“见、现”，“昭、照”，“劈、擗”，“知、智”，“牵、縴”，“分、份”，“背、揹”。这三类字，光从读音看只有前两类是同音字，但是这三类字都是每组读音相同或者相近，而意义相关的，从语言的角度看都是亲属字。

这里边有几个字的字形需要说明一下。古时候“曆”也写做“歷”，“座”就写做“坐”，“智”就写做“知”，“现”就写做“见”，很多书里还保留这些写法。“椅、縴、份、揹”出现更晚，“椅”原先就用“倚”字，其余三个字原先都没有偏旁。这样，问题就复杂起来了。拿“智”字做例子，也可以写做“知”，那么，就“知”这个字形说，它是个异读字，有平声和去声两个音；就去声这个字说，它有“知”和“智”两个异体；从音和义的联系说，这个去声字和平声字是亲属字。“椅、縴、份、揹”都是近代才出现的字形，是所谓“俗字”，不过“椅”和“縴”资格老些，“份”字资格虽不老，也站住了，只有“揹”字又作为异体，归并到“背”字里去了，尽管两个字不同音。

还有一种特殊的同音字：“他”和“她”和“它”，“的”de和“地”de。这里的字形分别纯粹是书面上的事情，在语言里只能算是一个字。

现代汉语里同音字特别多。普通话里有字的音节大约1200多个，一般字典、词典收字大约8000—10000个，平均一个音节担负七八个字。当然不可能“平均”，有许多音节只有一个字，有不少音节有十五六个字，《新华字典》（1962年版）里zhì这个章节有38个字，外加9个异体。

同音字多了，是否会在语言里产生混乱呢？事实上，这种可能性极小。因为字总是组织在词句里的，这个音在这里联系什么意义，一般没问题。在书面语里，字形不同当然有帮助，但是也不起决定性的作用，“一字多义”一般也没问题。口语没有字形的帮助，照样能发挥交际工具的作用。不过在文字的学习上倒的确引起一些困难，写别字多数是由于同音。

汉语里同音字特别多，编民歌、说笑话、说俏皮话的人充分利用了这一特点。（1）六朝的《子夜歌》等民歌就已经有这种“谐音”的例子：“执手与欢别，合会在何时？明灯照空局，悠然未有棋（期）。”“我念欢的的，子行由豫情。雾露隐芙蓉，见莲（怜）不分明。”“奈何许！石阙生口中，衔碑（悲）不得语。”（2）谜语里谐音的例子：“穷汉不肯卖铺盖——刘备（留被）。”（3）歇后语里的例子：“灯草拐杖——做不得拄（主）。”“旗杆上绑鸡毛——好大的掸（胆）子。”（4）笑话里的例子：唐朝优人李可及，有一天有人问他释迦牟尼佛是什么人，他说是女人。问的人说：这是怎么回事？他说：《金刚经》里有一句“敷坐而坐”，佛要不是女人，为什么要夫坐而后儿坐呢？（唐朝妇女常自称为“儿”。）（5）对话里的例子：京剧《卖马》里秦琼对店主说要卖锏［jiǎn］，店主说：“不洗衣裳要碱做什么？”老舍的《断魂枪》里的沙子龙，遇到徒弟们为打架或献技去讨教一个招数的时候，有时说句笑话马虎过去：“教什么？拿开水浇吧！”（6）绘画里也常常有谐音的现象，例如画两条鱼表示“吉庆有余”，画两个喜鹊立在梅树枝头，表示“喜上眉梢”，画五个蝙蝠表示“五福临门”，画三只羊表示“三阳开泰”，等等。

## 一字多义与数字同形

多义字在任何语言里都是很普通的现象。越是常用的字，越是意义多，意义的分项也很难有固定的标准，可以分得细些，也可以分得粗些。同一个字，在小字典里也许只分两三个义项，在大字典里就可能分成十几项甚至几十项，这里就不举例了。需要讨论的是一个字的几个意义相差到什么程度，在语言里就不应当还把它看成一个字。最明显的是译音字。例如长度单位的“米”，跟吃的“米”毫无关系；重量单位的“克”，跟克服的“克”毫无关系。其次是虚字，虚字一般都是借用一个同音的实字。例如必须的“须”借用胡须的“须”（后来写成“鬚”，现在又简化成“须”）；不要的“别”借用分别的“别”。这些都应该破除字形的假相，看成同音同形的两个不同的字。

此外还有许多字，几个意义的差别也很大。随便举几个例子：快速的“快”和痛快的“快”；缓慢的“慢”和傲慢的“慢”；树木的“木”和麻木的“木”；配偶的“偶”和偶然的“偶”；排列的“排”和排除的“排”；快速的“疾”和疾病的“疾”；竹简的“简”和简单的“简”；材料的“料”和料想的“料”；露水的“露”和显露的“露”，等等。这些字的不同意义很可能原来就没有关系，有的也许当初有联系，可是现在也联系不上了。这种字也应当看做两个同音字。

另一类字，几个意义之间的联系是很清楚的，可是差别还是比较大，尤其是考虑到词类。例如：锁门的“锁”和一把锁的“锁”；消费的“费”和水电费的“费”；相信的“信”和一封信的“信”；书写的“书”和一本书的“书”；张开的“张”和一张纸的“张”，等等。这种字似乎可以算一个字，也可以算两个同音的亲属字。在语言里，一字多义和两字同音是很难区别的。这种游移两可的情形可以从某些“俗字”的产生看出来。例如把“上鞋”写做“绱鞋”，把“安装”写做“按装”，把“包子”写做“饱子”。这些字我们管它叫“俗字”，其实过去汉字的越来越多，主要就是这样来的，不过通用的时间长了，著录在字书里，就不再说它是俗字了。

## 汉字为汉语服务并不尽善尽美

上面分别异体字、异读字、同音字、多义字，是从汉字出发来谈的。谈着谈着就发现，从语言的角度看，这样分类并不能说明问题。从语言出发，主要是音和义的问题，字形只有有限的参考作用。在语言里，或者是一个字（语素），或者是两个亲属字，或者是两个无关系的字。语言里的一个字，在文字里可以有几个字形；更多的情况是，文字里的一个字，在语言里该算做两个字。可以画成一个简单的图（见下页）。从这个图上可以看出，两方面的参差是相当厉害的，特别是异读字包括多种情况。语言在不断发展中，文字总是比较固定、比较保守。有人说汉字是最适合汉语的文字，可是要照我们今天谈的各种情况看，汉字为汉语服务也并不那么尽善尽美。

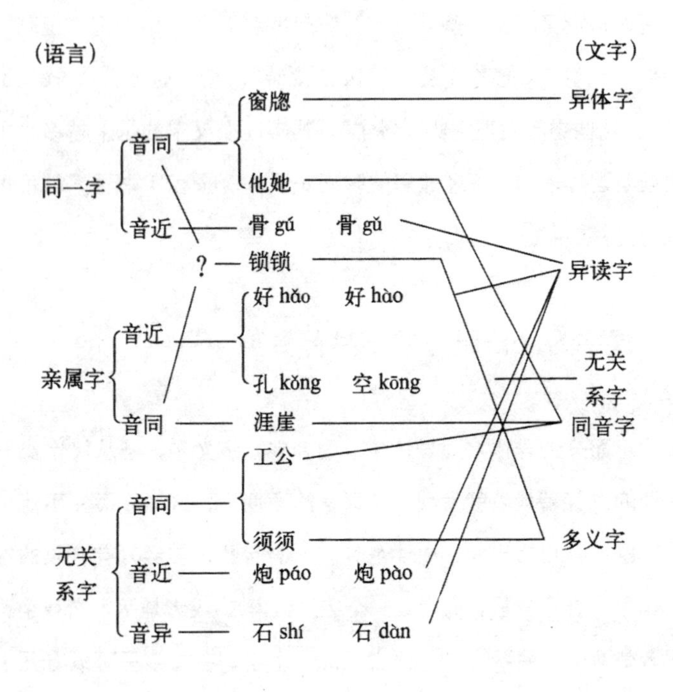

# 4. 字、词、句

## 语言的单位

这里要谈的是语句结构的问题。谈到结构，必得先有大大小小的一些单位，没有不同的单位就谈不上什么结构。比如生物的结构是由细胞构成组织，由组织构成器官，由器官构成整个生物。语言的单位，常常讲到的有词、短语、句子等等。这些是语法学家们用的名目，一般人脑子里大概只有“字”和“句”。要是追溯到很古的时候，那就只有一个名称，叫做“言”。这个“言”字至少有三个意思。（1）《论语》里孔子说：“今吾于人也，听其言而观其行”；又说：“古者言之不出，耻躬之不逮也。”这里的“言”是话的意思，是总括的名称，不是一种单位。（2）孔子又说：“诗三百，一言以蔽之，曰，‘思无邪’。”《左传》里赵简子说郑国的子太叔“语我九言，曰，‘无始乱，无怙［hù］富，……’”。这里的“言”是一句话的意思。这个意义现在还保存在一些熟语里，如“一言为定”就是“一句话算数”，“三言两语”就是“三句两句”，“一言既出，驷马难追”就是“一句话说出去就收不回来”。（3）《论语》里子贡问孔子：“有一言而可以终身行之者乎？”孔子说：“其‘恕’乎。”《战国策》里说齐国的田婴有一回要做一件事情，不要别人劝他。有一个人说：“臣请三言而已矣，益一言，臣请烹。”田婴就让他说。他说：“海大鱼”，说完了转身就走。（故事的下文从略。）这里的“言”是一个字的意思。后世的“五言诗、七言诗”里边的“言”也是字的意思。（2）和（3）都是语言单位的名称，后来分别称为“句”和“字”，例如《文心雕龙》的作者刘勰［xié］说：“夫人之立言，因字而生句，积句而成章。”这两个名称一直用到现在。只是有过一点儿小小变化，那就是在量词和名词分家之后，“字”还是个名词，“句”却成了量词，人们只说“一个字”、“一句话”，不说“一个句”。直到最近，把“句”叫做“句子”，这才可以说“一个句子”。

## 三位一体的“字”

“字”这个字在古时候，除了别的意义之外，用在语文方面，主要指文字的形体。例如许慎的《说文解字》这部书的主要着眼点就是字形构造。可是到了刘勰说“夫人之立言，因字而生句”的时候，就显然是用来指语言单位，以音义为主了。写在纸上的字，有形、音、义三个方面，说话里边的字就只有音和义，形是看不见的，虽然在读书人的脑子里有时候也会闪出一个字的形状。我们平常说到“字”字，有时候指它的这一方面，有时候指它的那一方面。比如说“一横一竖、一横一竖、一横一竖，一竖一横、一竖一横、一竖一横，打一个字”，指的是字的形状（“亞”）。又比如说“‘亮’字比‘明’字响亮”，指的是这两个字的声音。要是说“谅他也不敢说一个‘不’字”，那就指的是一定的音和一定的义结合在一起的字，一个语言单位。平常说话，这样时而指这，时而指那，也没有什么不方便。可是要讲语文问题，就需要分别定个名称。专门指形体的时候，最好管它叫“汉字”。专门指声音的时候，最好管它叫“音节”。专门指音义结合体的时候，最好管它叫“语素”。

汉字、音节、语素形成三位一体的“字”。当然这只适用于汉语。要是另一种语言，情形就不同了。它的一个语素可能是一个音节，也可能不到一个音节，也可能不止一个音节。别的语言当然不用汉字，日本还部分地用汉字，可是往往念成两个音节。其实啊，汉字、音节、语素三合一这句话，也只能说是汉语的基本情况是这样，有好几种例外情形。（1）有些语素不止一个音节，写出来当然也不止一个汉字。例如“蟋蟀、葡萄、马达、巧克力”。后三个是外来语。（2）一个音节包含两个语素，写成两个汉字。主要是“儿化词”，例如“花儿”。（这是普通话的情形，有些方言里“儿”字另成音节。）此外，北京人说“我们、你们、他们、什么、怎么、这么、那么”，说快了第二个字就只剩一个 -m，粘在第一个字后头，也就只有一个音节了。（3）一个音节，一个汉字，可是包含两个语素。例如“俩”（=两个），“仨”（=三个），“咱”（zán=咱们），“您”（=你+n［+变调］）。[①]（4）一个汉字代表两个语素，念成两个音节。例如“瓩”（千瓦），“浬”（海里），“哩”（英里）。

正因为说汉语的人习惯于音节有意义，汉字有意义，因而音

---

① “您”的来源有两说。一说，“您”是“你们”的合音。先是“们”的韵母消失，成为 nim，m 又变成 n。这个“您”字早就见于金元戏曲，但那些戏曲里的“您”只有“你们”的意义，单数敬称的用法是后起的。另一说，“您”是“你老”（你老人家）的合音。“老”的声母是 l，跟 n 的发音部位相同，l 不能做韵尾，就变成 n。“你”和“老”都是上声，“你”变阳平，所以“您”是阳平。就现代汉语来分析，可以把 n 当作一个表示敬称的语素，只见于“您”和“怹”两个字。

译外来语总是不太喜欢，有机会就用意译词来代替。清末民初的翻译小说里，多的是“密司脱、德律风、司的克”之类的字眼，后来都被淘汰了。由于同样的理由，在一定的组合里，音译专名的头一个字可以代表全体。例如“马列主义”，“普法战争”；甚至一个“阿”字在不同场合可以代表“阿尔巴尼亚”、“阿尔及利亚”、“阿富汗”或者“阿根廷”。

## 语音的“句”和语法的“句”

以上谈的是“字”，现在来谈“句”。《文心雕龙》里说：“句者，局也。局言者，联字以分疆”，意思是说，把整段的话分成若干小片段，叫做句，句一方面是“联字”，一方面又彼此“分疆”。又说：“句司数字，待相接以为用”，这是说，句子由字组成，字和字之间有一定的结构关系。对于句子的这种说法，跟现在的理解也还相近。可是传统的“句”和现在的“句子”有一点很不同：“句”的长短差不多有一定的范围，可是“句子”呢，可以很短，也可以很长。比如“君子食无求饱，居无求安，敏于事而慎于言，就有道而正焉，可谓好学也已”（《论语》），从前算五句，现在只算一个句子。另一方面，像“子曰：‘参乎，吾道一以贯之。’曾子曰：‘唯!’”（《论语》）这个“唯”字，按现在的说法也是一个句子；按从前的理解是不是一句呢，就很难说。要拿“句司数字”，“联字以分疆”做标准，这里只有一个字，就算不了句了。

为什么会有这样的分歧呢？原来现在讲句子是从语言出发。语言的主要用处是对话，一个人一次说的话是一个交际单位，因此不管多短，都得算一个句子。话要是长了，语音上必定有若干停顿。其中有些段落，语法结构上没有什么牵连，尽管在这里是一段跟着一段，在另外的场合却都可以单独说，同时，这些段落的末了都有跟单独一句的末了相同的语调——这样的段落，一段是一个句子。这种段落的内部的停顿，没有上面所说的结构和语音上的特征，就不算句子。这是现在的看法。从前讲句读［dòu］是从文字出发。文字大都是独白，整篇才是一个交际单位。把整篇的文字划分成若干句，只是为了诵读的便利，所以句的长短不会相差太远。一般是三五个字，多到八九个字，只要意义允许，念起来就停顿一下，就算一句。同样的语法结构，有时候算两句，有时候算一句，例如“清风徐来，水波不兴”是两句，“风平浪静”是一句。

## “词”的今昔

“字”和“句”都讲过了，再来谈谈“词”。古时候所谓“词”是虚字的意思。用做语言单位的名称，好像是从章士钊的《中等国文典》（1907）开始。这本书里只说“泛论之则为字而以文法规定之则为词”，可是没有说出怎么个规定法。几十年来，语法学家一直在寻找这个规定法还没找着。现在比较通行的标准是：（1）“可以独立运用”，用来区别词和不成为词的语素；（2）“不能扩展”，也就是中间不能插入别的成分，用来区别词和词组。这两条标准运用起来都遇到一些问题。“独立运用”可以有各种解释，一般理解为包括两种情形：(a) 能单独说的是词，例如“三”；(b) 把上一类提开之后剩下的，虽然不能单独说，也算是词，例如“个”。这样，“三个”就是两个词。可是按这个标准，“电”和“灯”都能单独说，“电灯”是两个词；“电影”里把“电”提开，剩下“影”也得算一个词。为了防止得出这样的结论才又有“不能扩展”的标准。“电灯”和“电影”都不能扩展，所以都只是一个词。可是这样一来，又得承认“人民公社”、“无机化学”等等都不是词组而只是词，这显然是不行的。

“词”在欧洲语言里是现成的，语言学家的任务是从词分析语素。他们遇到的是 reduce（缩减）、deduce（推断）、produce（生产）这些词里有两个语素还是只有一个语素的问题。汉语恰好相反，现成的是“字”，语言学家的课题是研究哪些字群是词，哪些是词组。汉语里的“词”之所以不容易归纳出一个令人满意的定义，就是因为本来没有这样一种现成的东西。其实啊，讲汉语语法也不一定非有“词”不可。那么为什么还一定要设法把它规定下来呢？原来“词”有两面，它既是语法结构的单位，又是组成语汇的单位，这两方面不是永远一致，而是有时候要闹矛盾的。讲汉语语法，也许“词”不是绝对必要，可是从语汇的角度看，现代汉语的语汇显然不能再以字为单位。用汉字写汉语，这个问题还不十分显露；如果改用拼音文字，这个问题就非常突出了。所以汉语里的“词”的问题还是得解决，可是只有把它当作主要是语汇问题来处理，而不专门在语法特征上打主意，这才有比较容易解决的希望。

## 汉语语法的特点

现在来谈谈语句结构，也就是语法问题。一提到语法，有些读者马上会想到名词、动词、形容词，主语、谓语、宾语，等等等等，五花八门的名堂，有的甚至立刻头疼起来。因此我今天下决心不把这些名堂搬出来；要是无意之中漏出一两个来，还请原谅，反正可以“望文生义”，大致不离。至于另外有些读者对这些术语特别感兴趣，那么，讲语法的书有的是。

语法这东西，有人说是汉语没有。当我还是一个中学生的时候，不知道从哪儿听来这种高论，就在作文里发挥一通，居然博得老师许多浓圈密点，现在想起来十分可笑。一种语言怎么能够没有语法呢？要是没有语法，就剩下几千个字，可以随便凑合，那就像几千个人住在一个地方，生活、工作都没有“一定之规”，岂不是天下大乱，还成为一个什么社会呢？如果说汉语没有语法，意思是汉语没有变格、变位那些花样儿，那倒还讲得通。可是语法当然不能限于变格、变位。任何语言里的任何一句话，它的意义绝不等于一个一个字的意义的总和，而是还多点儿什么。按数学上的道理，二加二只能等于四，不能等于五。语言里可不是这样。最有力的证明就是，拿相同的多少个字放在一块儿，能产生两种（有时候还不止两种）不同的意义，这种意义上的差别肯定不是字义本身带来的，而是语法差别产生的。可以举出一系列这样的例子：

**（1）次序不同，意义不同。**（a）“创作小说”是一种作品，“小说创作”是一种活动。“资本主义国家”是一种国家，“国家资本主义”是一种经济制度。（b）“一会儿再谈”是现在不谈，“再谈一会儿”是现在谈得还不够。“三天总得下一场雨”，雨也许是多了点儿，“一场雨总得下三天”，那可真是不得了啦。（c）“她是不止一个孩子的母亲”是说她有好几个孩子，“她不止是一个孩子的母亲”是说她还是成百个孩子的老师什么的。“你今天晚上能来吗?”主要是问能不能来，“你能今天晚上来吗?”主要是问来的时间。（d）“五十”倒过来是“十五”，“电费”倒过来是“费电”，“包不脱底”倒过来是“底脱不包”。1960年发行过一种邮票，底下有四个字，从左往右念是“猪肥仓满”，从右往左念是“满仓肥猪”，好在上面的画儿很清楚，是一头肥猪，一大口袋粮食，证明第一种念法对。日本侵略军占领上海时期，有些商店大拍卖时，张挂横幅招贴，“本日大卖出”，要是从右往左念，就成了“出卖大日本”。这就自然叫人想到从前的回文诗。历代诗人作过回文诗的不少，这里不举例了。集回文之大成的《璇玑图》被《镜花缘》的作者采入书中第41回，好奇的读者不妨翻出来一看。

**（2）分段不同，意义不同。**（a）有一个老掉了牙的老笑话。下雨了，客人想赖着不走，在一张纸上写下五个字：“下雨天留客。”主人接下去也写五个字：“天留人不留。”客人又在旁边加上四个圈，把十个字断成四句：“下雨天。留客天。留人不？留。”（b）有人把唐人的一首七绝改成一首词：“清明时节雨，纷纷路上行人。欲断魂。借问酒家何处？有牧童遥指杏花村。”这样的词牌是没有的，可是的确是词的句法。这两个例子都只是就文字而论是两可，一念出来就只有一可，非此即彼。底下的例子，除非有意加以分别，否则说出来是一个样儿。（c）“他和你的老师”，可能是两个人（他｜和｜你的老师），可能是一个人（他和你的｜老师）。（d）“找他的人没找着”，也许是他找人（找｜他的人），也许是人找他（找他的｜人）。（e）《人民日报》（1963.12.8）上有个标题是“报告文学的丰收”，分段是在“的”字后头；可是光看这七个字，也未尝不可以在“告”字后头分段。以上三个例子都是“的”字管到哪里（从哪个字管起）的问题。“的”字管得远点儿还是近点儿，意思不一样。（f）《北京晚报》（1961.12.13）上有吴小如先生一篇短文，说白香山的诗句“红泥小火炉”一般人理解为“小｜火炉”是不对的，应该是“小火｜炉”。讲得很有道理。（g）有一个笑话说从前有一个人在一处做客，吃到南京板鸭，连声说“我懂了，我懂了”。人家问他懂了什么，他说，“我一直不知道咸鸭蛋是哪来的，现在知道了，是咸鸭下的。”这就是说，他把“咸｜鸭蛋”当作“咸鸭｜蛋”了。(h)《光明日报》(1962.7.2) 上有个标题是“北京商学院药品器械系和附属工厂结合教学实习检修安装医疗器械”，可以有三种理解（两道竖线是第二次分段）：(1) 结合教学｜实习‖检修安装医疗器械；(2) 结合教学实习｜检修‖安装医疗器械；(3) 结合教学实习｜检修安装‖医疗器械。如果在“教学”或者“实习”后边加个逗号，(1) 和 (2) (3) 可以有区别；如果在“检修”和“安装”中间加个“和”字，(3) 也可以跟 (2) 分清。

**(3) 关系不同，意义不同。**(a)“煮饺子（吃）”和“(吃）煮饺子”，“煮饺子”三个字次序一样，分段也一样（都是“煮｜饺子”)，然而意思不同。这是因为两句话里的“煮”和“饺子”的关系不同。(b)“他这个人谁都认得”，也许是他认得的人多，也许是认得他的人多。这当然不是一回事。(c)《人民日报》(1956.10.8) 上有一篇很有意思的短篇，标题是“爸爸要开刀”。看了正文才知道“爸爸”是医生，不是病人。(d)“小马没有骑过人”曾经在语法研究者中间引起过讨论。在我们这个世界里只有人骑马，没有马骑人，可是在童话世界里人骑马和马骑人的两种可能是都存在的。(e) 北京一条街上有个“女子理发室”，男同志光看这两个字的招牌就不敢进去，幸而两边还各有四个字，是“男女理发”和“式样新颖”，这就可以放心进去了。

这样看来，一句话里边，除了一个一个字的意义之外，还有语法意义，这是千真万确的了。

当然还有变格、变位等等玩意儿，即所谓“形态”，以及与此有关的主语和谓语一致、定语和被定语一致、动词或介词规定宾语的形式等等“句法”规律（实际上，这些规律才是变格、变位的“存在的理由”）。在某些语言里，形态即使不是语法的一切，至少也是语法的根本。有了它，次序大可通融，分段也受到限制，哪个字跟哪个字有关系，是什么关系，也差不多扣死了。比如“我找你”这三个字，如果在它们头上都扎个小辫儿，比如在“我”字头上加个$^{a}$，表示这个“我”只许找人，不许人找，在“你”字头上加个$^{b}$，表示这个“你”只许人找，不许找人，而且为保险起见，再在“找”字头上加个$^{1}$，表示只是我“找”，不是别人“找”，那么这三个字不管怎样排列：

我$^{a}$找$^{1}$你$^{b}$　　你$^{b}$找$^{1}$我$^{a}$　　找$^{1}$我$^{a}$你$^{b}$

我$^{a}$你$^{b}$找$^{1}$　　你$^{b}$我$^{a}$找$^{1}$　　找$^{1}$你$^{b}$我$^{a}$

全都是一个意思。如果“你找我”这句话也如法炮制，那么“我$^{b}$

找[2]你[a]”的意思就跟“我[a]找[1]你[b]”大不相同，反而跟“你[a]找[2]我[b]”完全一样。

这样的语法当然也有它的巧妙之处，可是我们的老祖宗没有走这条路，却走上了另外一条路，一直传到我们现在，基本上是一个方向。而且说老实话，我们说汉语的人还真不羡慕那种牵丝攀藤的语法，我们觉得到处扎上些小辫儿怪麻烦的，我们觉得光头最舒服。可是啊，习惯于那种语法的人又会觉得汉语的语法忒不可捉摸、忒不容易掌握。那么，究竟哪种语法好些呢？这就很难说了。一方面，任何语言都必得有足够的语法才能应付实际需要，无非是有的采取这种方式多点儿，那种方式少点儿，有的恰好相反罢了。因此，从原则上说，语法难分高下，正如右手使筷子的人不必看着“左撇子”不顺眼。可是另一方面，在细节上还是可以比较比较。比如，同样是有动词变位的语法，英、法、德、俄语里边都有好些不规则的动词，这就不如世界语，所有动词都按一个格式变化。又比如，某些语言里名词变格是适应句法上的需要，可是附加在名词上面的形容词也跟着变格，不免是重复，是不经济。（像拉丁语那样可以把名词和形容词分在两处，那么，形容词的变格就又有必要了。）拿汉语的语法来说，经济，这不成问题，是一个优点。简易，那就不敢贸然肯定。从小就学会说汉语的人自然觉得简易，可是常常能遇见外国朋友说汉语，有时候觉得他的语句别扭，不该那么说，该这么说，可是说不出为什么不该那么说，该这么说。可见我们在许多问题上还只是知其当然而不知其所以然，有许多语法规则还没有归纳出来，并且可能还不太容易归纳出来。这就似乎又不如那种以形态为主的语法，把所有的麻烦都摆在面子上，尽管门禁森严，可是进门之后行动倒比较自由了。

# 5. 意内言外

## 字义约定俗成

“意内言外”，这个题目是借用《说文解字》里的一句话：“词，意内而言外也。”这句话究竟该怎么讲，其说不一，不必详细讨论。我们只是借用这四个字做题目，谈谈语言和意义的关系。

前一章说过，一个句子的意思不等于这个句子里一个个字的意思的总和。可是句子的意义离不开字的意义，这是用不着说的，现在就从字义谈起。一个字为什么是这个意思，不是那个意思？换一种提法，为什么这个意思用这个字而不用那个字，例如为什么管某种动物叫“马”，不管它叫“牛”？回答只能是“不知道”，或者“大家都管它叫马么，你还能管它叫牛?”象声性质的字，例如“澎湃、淅沥、朦胧、欷歔”，它的意义跟它的声音有联系，不容怀疑。有些字，例如“大”和“小”、“高”和“低”，是不是当初也有点儿用声音象征意义的味道（a对i，也就是“洪”对“细”），那就很难说了。就算是吧，这种字也不多。有些字不止一个意义，可以辗转解释。例如“书”有三个意义：（1）书写，（2）书籍，（3）书信，后两个意义显然是从第一个意义引申出来的，可是当初为什么管写字叫“书”呢，回答仍然只能是“不知道”，或者“大家都这么说么”。这就是所谓“约定俗成”。两千多年以前的荀子就已经懂得这个道理，他说：“名无固宜，约之以命，约定俗成谓之宜，异于约则谓之不宜。”当然，“约之以命”不能死看，绝不是召集大家来开一个会，决定管一种动物叫“马”，管另一种动物叫“牛”，而是在群众的语言实践中自然形成的一致。

根据约定俗成的道理，字义形成之后就带有强制性，可是字音和字义的最初结合却是任意的、武断的。单字意义的形成是任意的，字组意义的形成就不是完全任意的了。比如“白纸”、“新书”、“看报”、“写字”，它们的意义是可以由“白”、“纸”等等单字的意义推导出来的。可是这里也不是完全没有约定俗成的成分。

随便说几个例子：（1）“保”和“护”的意思差不多，可是只说“保墒、保健”和“护林、护航”，不能倒换过来说“护墒、护健、保林、保航”。（2）“预报”和“预告”的意思是一样的，可是广播节目里只有“天气预报”，不说“天气预告”，出版社的通告里只有“新书预告”，不说“新书预报”。（3）“远距离”和“长距离”的意思是一样的，可是操纵是“远距离操纵”，赛跑是“长距离赛跑”。（4）“赤”和“白”是两种颜色，但是“赤手空拳”的“赤手”和“白手起家”的“白手”是同样的意思，都等于“空手”。可是尽管意思一样，不能倒换着说。（5）“火车”一度叫做“火轮车”，“轮船”一度叫做“火轮船”，后来都由三个字缩成两个字，可是一个去“轮”留“火”，一个去“火”留“轮”。（6）两相对待的字眼合起来说，“大小、长短、远近、厚薄”都是积极的字眼在前、消极的字眼在后，可是“轻重”是例外。“高低”属于“大小”一类，但是“低昂”又属于“轻重”一类。（7）意思相近的字联用，常常有固定的次序，例如“精、细、致、密”四个字组成“精细、精致、精密、细致、细密、致密”六个词，每个词的内部次序是固定的，不能改动（更奇怪的是都按照“精、细、致、密”的顺序，没一个例外）。地名联用也常常是固定的，例如“冀鲁、鲁豫、苏皖、江浙、闽广、湘鄂、滇黔、川黔、川陕、陕甘”。(8)意思相近的字联用，常常因为排列的次序不同，意思也有分别，例如“生产”(工农业生产，生孩子)和“产生”(一般事物)，“和平”(没有战争或斗争)和“平和”(不剧烈)，“查考”(弄清楚事实)和“考查”(按一定要求来检查)，“展开”和“开展”(使展开)，“担负”(动词)和“负担”(名词)，“罗网”(自投罗网)和“网罗”(网罗人才)。这些例子都说明字的组合也常常带有约定俗成的性质，就是所谓“熟语性”。

## 字义和词义辗转相生

语言是发展的，字义和词义辗转相生，我们日常用到的字或词十之八九都是多义的。说笑话的人常常利用一字多义来逗笑。举几个相声里边的例子。(1)《歪讲三字经》里有两句是“沉不沉，大火轮”，就是利用“沉”字的不同意义(沉重，沉没)。(2)《字谜》里边一位演员出了一个字谜是“一竖，一边儿一点”，让另一位演员猜。你说是“小”，他就说是“卜”，你说是“卜”，他就说是“小”。这是利用“一边儿”的不同意义(每一边，只一边)。(3)《全家福》里边甲演员问：“你和你哥哥谁大?”乙演员：“废话! 当然我哥哥比我大呀。”甲演员：“我哥哥就比我小，才齐我这儿。”这是利用“大、小”的不同意义（论年纪，论个儿）。

就说“大、小”这两个字吧，意思也够复杂的。比如说，有“小哥哥”，年纪比我大，所以是哥哥，可是在几个哥哥里他最小，所以又是小哥哥。又有“大兄弟”，那不是自己的兄弟，只是因为年纪比我小，只好叫他兄弟，可是他排行第一，或者不知道他行几，只是要表示客气，叫他大兄弟（“大叔、大婶”也是一样）。再比如说，“大李比小李大，可是两个人都不大，都不到二十”，大李就成了又大又不大，前者是相对地说，后者是绝对地说。再还有，“一个大组分三个小组”，这个“大、小”是就层次说；“第三组是个大组，第四组是个小组”，这个“大、小”又是就人数多寡说了。

再说几个例子。（4）“有色人种”的“有色”，跟它对待的是白色；“有色金属”的“有色”，跟它对待的是黑色（“黑色金属”=铁）。（5）“你给我就要，问题是你给不给?”“你给我就要，问题是你不给。”按第一句说，只有“给不给”才成为问题，可是到了第二句，光是“不给”也成为问题了。（6）“他不会说话。”如果“他”是个小小孩儿，这句话的意思是他不会用一般语言表达自己的意思。如果“他”是个大人（不是哑巴），这句话的意思就是他不善于说话，以至于得罪了人什么的。(7)《三千里江山》里说："姚志兰的好日子本来择的明天。大家的好日子看看过不成时，谁有心思只图个人眼前的欢乐?"这两个"好日子"，一个是一般的意义，一个专指结婚的日子。(8)《六十年的变迁》里季交恕问方维夏："你知道这个消息吗?"方维夏："什么消息?"季交恕："蒋介石开刀啦!"方维夏："什么病开刀?"季交恕："你还睡觉！杀人！……"我们前回曾经用"爸爸要开刀"做主动被动两可的例子，这里的"开刀"除主动被动的分别外，还有动手术和杀人的分别。

有些字眼，正反两种说法的意思是一样的。(1)"好热闹"和"好不热闹"都是很热闹的意思，"好容易"和"好不容易"都是很不容易的意思。(2)"差点儿忘了"和"差点儿没忘了"是一个意思，都是几乎忘了，可还是想起了。(3)"小心撒了"和"小心别撒了"也是一个意思，都是叫你别撒了。(4)"除非你告诉他，他不会知道"和"除非你告诉他，他才会知道"是一个意思。第一句的"除非你告诉他"可以改成"如果你不告诉他"，第二句不能这样改。(5)"难免要引起纠纷"，"不免要引起纠纷"，"难免不引起纠纷"，全都说的是有引起纠纷的可能。(6)"我怀疑他会不会已经知道"是说不知道他知道不知道（但是希望他不知道）。“我怀疑他会不知道”等于说我不相信他会不知道（尽管据他自己说或是照你估计他是不知道的）。“我怀疑他已经知道了”可就又等于说我估计他已经知道了。这些例子都涉及否定和疑问。一碰上这些概念，许多语言里都会闹纠纷，会出现似乎矛盾的说法。例如双重否定应该等于肯定，可是有些语言里连用两个否定的字眼，意思还是否定的。俄语“Он ничего не сказал”，一个个字翻出来是“他没有什么不说了”，可是意思是“他什么也没说”。法语也是一样，“Il n'a rien dit”，照单字分别讲是“他 没 没有什么说”，意思可是“他什么也没说”。法语在含有怀疑、否认、担心、避免等等意思的动词后面的副句里常常加上一个“不”字，用汉语说都得去掉。例如“Je crains qu'il ne vienne”是“我怕他会来”，“Je ne doute pas qu'il ne vienne”是“我毫不怀疑他会来”，这两句里的 ne 在说汉语的人看来都是多余的。还有，法语可以说“avant qu'il ne parte”或者“avant qu'il parte”，这倒是跟汉语一样，“在他没离开以前”和“在他离开以前”是一个意思。

上一章我们说过些例子，同样几个字的一句话，因为语法关系不同，意思就不一样。其实同一种语法关系，包含的意思也是种种不一的。比如同样是修饰或限制关系，“布鞋”是用布做的鞋，“鞋面布”是用来做鞋面的布；“蜜蜂”是酿蜜的蜂，“蜂蜜”是蜂酿的蜜。同样是“马”字当头，“马车”是马拉的车，“马路”是车马通行的路，“马队”是骑兵的队伍，“马刀”是骑兵用的刀，“马褂”原先是骑马时穿的短外套，“马褥子”是骑马用的垫子，“马鞭子”是赶马用的鞭子，“马料”是喂马的草料，“马夫”是管马的人，“马医”是给马治病的人，“马戏”原来是在马上表演的杂技（现在连老虎、狮子等等的表演都包括进去了），“马面”指人的脸长得特别长（“牛头马面”是真的马脸），“马桶”的得名说法不一，原先大概是象形。

同样是中间加一个“的”字，“我的笔”我可以送给人，“我的年纪”年年不同，“我的名字”既不能送给人，也不能随时改变。甚至同样几个字可以有两种意思：“我的书”可以是我买的，也可以是我写的；“你的信”可以是你寄给人的，也可以是人寄给你的；“他的照片”可以是把他照在里边的，也可以是他收藏的；“我的牌是新买的”，这副牌永远是我的，除非我把它送给人，“这回我的牌可好了”，这副牌几分钟之后就不存在了；“跑码头的专家”可以是对坐在家里的专家而言，也可以指一个先进的采购员。有人说“学习雷锋的好榜样”有语病，因为学习的是雷锋本人。这是知其一而不知其二，“雷锋的好榜样”完全可以理解为“雷锋这个好榜样”。

动词和宾语的关系更加是多种多样，有的得用许多话才说得清楚。同一个“跑”字，“跑街、跑码头、跑江湖、跑天津”是说在哪些地方跑来跑去，“跑买卖”是为什么目的而跑，“跑警报”是为什么原因而跑，“跑单帮、跑龙套”是以什么身份而跑，“跑马”是让马为自己服务，“跑腿”是自己为别人服务，“跑电、跑水”是拦不住某种东西跑掉，“跑肚”是拦不住肚子里的东西跑掉。一般常说宾语代表动作的对象，那么上面例子里的名词都不能算做宾语，可是不算宾语又算什么呢？动词和宾语的关系确实是说不完的，这里不能一一列举，只说几个难于归类的例子：“报幕”、“谢幕”、“等门”、“叫门”、“跳伞”、“冲锋”、“闹贼”、“赖学”、“偷嘴”——这里的动作和事物之间是什么关系，您说？汉语里能在动词后面加个什么名词是异常灵活的，有了上下文常常可以出现意想不到的组合：例如“何况如今穷也不是穷你一家”(高玉宝)，“这些人认为所有的配角都是‘零碎’，一出戏就应当唱他一个人”(萧长华)。

跟修饰关系一样，同一动词加同一宾语还是可以有两种意义。教师说“我去上课”是去讲课，学生说“我去上课”是去听课；大夫说“我去看病”是给人看病，病人说“我去看病”是让人给他看病。

这些例子可以说明语言实践中的经济原则：能用三个字表示的意思不用五个字，一句话能了事的时候不说两句。比如“谢幕”，要把其中的意思说清楚还真不简单：“闭幕之后，观众鼓掌，幕又拉开，演员致谢”——这不太啰嗦了点儿吗？当然，经济原则在不同的语言里的体现是不可能完全相同的。比如汉语里说“你见着他了没有？见着了”，英语说“Did you see him? Yes, I did.”汉语的回答必须重复问话里的动词，英语可以用 did 这个单音助动词来代替；英语 did 前边必得说出主语，汉语“见着了”前边不必说“我”；英语要在前面来个 yes，汉语不要。总的说来，汉语是比较经济的。尤其在表示动作和事物的关系上，几乎全赖“意会”，不靠“言传”。汉语里真正的介词没有几个，解释就在这里。

## 什么是“意义”？

谈语言和意义，谈来谈去，有个重要问题还没有谈到：究竟什么是“意义”？这个问题很不容易谈好，可是谈还是得试着谈谈。如果说“意义”是外界事物——包括各种物件、它们的特征和变化、它们的相互关系，以及这一切和说话的人的关系——在人的脑子里的反映，而这“意义”必须通过语言才能明确起来，这大概可以代表多数人的意见。问题在于“意义”依赖语言到什么程度。有一种意见认为没有语言就没有“意义”，这显然是言过其实。只要看几个月的婴儿，不会说话，可是“懂事儿”，也就是说，外界的某些事物在他脑子里是有意义的。又比如人们点点头，招招手，也都可以传达一定的意义。可见不是离开语言就没有“意义”。可是如果说，某种语言里没有这个词，使用这种语言的人的脑子里就缺少与此相应的概念，这就有几分道理。比如汉语里的“伯伯、叔叔、舅舅、姑夫、姨夫”在英语里都叫做“uncle”(俄语“дядя”)，是不是说英语的人的脑子里就没有“父亲的哥哥、父亲的弟弟、母亲的弟兄、姑妈的丈夫、姨妈的丈夫”这些意义呢？当然不是这样。可是他们首先想到的是这些人都是 uncle，只是在必要的时候才加以分辨。这就是说，只有与 uncle 相应的概念是鲜明的，而与“伯伯”等相应的概念是模糊的。反过来说，说汉语的人首先想到的是“伯伯”等等，这些概念是鲜明的，而“男性的长一辈的亲属”这样的概念是模糊的，是要费点劲才能形成的。对于外界事物，不同的语言常常做出不同的概括。我们总觉得外国话“古怪”、“别扭”，就是这个缘故。

语言不可避免地要有概括作用或抽象作用。外界事物呈现无穷的细节，都可以反映到人的脑子里来，可是语言没法儿丝毫不漏地把它们全都表现出来，不可能不保留一部分，放弃一部分。比如现实世界的苹果有种种大小、种种颜色、种种形状、种种口味，语言里的“苹果”却只能概括所有苹果的共同属性，放弃各个苹果的特殊属性。概括之中还有概括，“水果”比“苹果”更概括，“食品”比“水果”更概括，“东西”比“食品”更概括。每一种语言都有一些这样高度概括的字眼，如“东西、事情、玩意儿、做、干、搞”等等。

单词是这样，语句也是这样。比如“布鞋”，这里不光有“布”的意义、“鞋”的意义，这是字本身的意义；还有“是一种鞋而不是一种布”的意义，这是靠字序这种语法手段来表示的意义；还有“用……做成的……”的意义，这是在概括的过程中被放弃了的那部分意义。像“谢幕”那样的字眼，就放弃了很多东西，只抓住两点，“谢”和“幕”。说是“放弃”，并不是不要，而是不明白说出来，只隐含在里边。比如“苹果”，并不指一种无一定大小、颜色、形状、口味的东西；同样，“布鞋”、“谢幕”也都隐含着某些不见于字面的意义。语言的表达意义，一部分是显示，一部分是暗示，有点儿像打仗，占据一点，控制一片。

暗示的意义，正因为只是暗示，所以有可能被推翻。比如说到某一位作家，我说“我看过他三本小说”，暗含着是看完的，可要是接着说，“都没有看完”，前一句暗示的意义就被推翻了。一位菜市场的售货员说过一个故事。“有一天，一位顾客来买辣椒，她问：‘辣椒辣不辣?’我说：‘辣，买点儿吧。’她说：‘哎哟! 我可不敢吃。’后来又来了一位顾客，问我辣不辣。我一看她指的是柿子椒，就说：‘这是柿子椒，不辣，您买点儿吧。’她说：‘辣椒不辣有什么吃头!’说完走了。”这是听话人误会说话人的意思，也就是错误地认为对方有某种暗示的意义。

从前有个笑话：有个富翁，左邻是铜匠，右邻是铁匠，成天价丁丁东东吵得厉害。富翁备了一桌酒席，请他们搬家，他们都答应了。赶到两家都搬过之后，丁丁东东还是照旧，原来是左边的搬到了右边，右边的搬到了左边。富翁所说的“搬家”暗含着搬到一定距离之外的意思，可是照字面讲，只要把住处挪动一下就是搬家，两位高邻并没有失信。

欧阳修的《归田录》里记着一个故事。五代时候，两位宰相冯道跟和凝有一天在公事房相遇。和凝问冯道：“您的靴是新买的，什么价钱?”冯道抬起左脚说：“九百钱。”和凝是个急性子，马上回过头来责问当差的："怎么我的靴花了一千八百?"训斥了半天，冯道慢慢地抬起右脚，说："这一只也是九百钱。"这一下引起哄堂大笑。

暗示的意义甚至能完全脱离显示的意义。比如"谁知道"，有时候是照字面讲（"谁知道？请举手"），有时候却等于"我不知道"（"你说他会不会同意?""谁知道!"）。修辞学上所说"比喻"、"借代"、"反语"等等，都是这种"言在此而意在彼"的例子。就因为暗示的意义不太牢靠，所以法令章程所用的语言尽量依靠显示，尽量减少暗示，防备坏人钻空子。与此相反，诗的语言比一般语言更多地依赖暗示，更讲究简练和含蓄。

有时候暗示的意义可以跟显示的意义不一致而同时并存——一般是分别说给同时在场的两个人听的，——这就是所谓一语双关。《芦荡火种》第九场刁德一审问沙奶奶，叫阿庆嫂去劝她供出新四军伤病员转移的地址。阿庆嫂对沙奶奶说："你说呀。一说出来，不就什么都完了吗?"这里的"什么"，在刁德一听来，指的是沙奶奶如果不说就要面临的灾难；在沙奶奶听来，指的是伤病员的安全。（后来改编成《沙家浜》时，这一段删去了。）

以上讲的都还是语言本身的意义。我们说话的时候还常常有这种情形：有一部分意义是由语言传达的，还有一部分意义是由环境补充的。比如听见隔壁屋子里有人说“刀!”，你就不知道这句话是什么意思——“这是刀”，或者“刀找着了”，或者“拿刀来”，或者“给你刀”，或者“小心刀”，或者别的什么。前面讲过的“我的书”、“你的信”、“我去上课”、“我去看病”等等，本身有歧义，只有环境能够决定它是什么意思。

语言和环境的关系还有另外的一面，那就是，二者必须协调，否则会产生可笑的效果。比如你跟人打牌，人家夸你打得好，你说，“打不好，瞎打”，这是客气。可是如果像相声里边那位打呼噜特别厉害的朋友对同屋的人说，“打不好，瞎打”，那就叫人啼笑皆非了。有一位华侨回国之后学会了一些寒暄的话，有一天送客到门口，连声说，“留步，留步”，弄得客人只好忍着笑嗯啊哈地走了。

## 语言的地面上坎坷不平

总之，在人们的语言活动中出现的意义是很复杂的。有语言本身的意义，有环境给予语言的意义；在语言本身的意义之中，有字句显示的意义，有字句暗示的意义；在字句显示的意义之中，有单字、单词的意义，有语法结构的意义。这种种情况从前人也都知道，所以才有“言不尽意”、“意在言外”、“求之于字里行间”这些个话。

从这里我们可以得到什么教训呢？是不是可以说：语言的确是一种奇妙的、神通广大的工具，可又是一种不保险的工具。听话的人的了解和说话的人的意思不完全相符，甚至完全不相符的情形是常常会发生的。语言的地面上是坎坷不平的，“过往行人，小心在意”。说话的人，尤其是写文章的人，要处处为听者和读者着想，竭力把话说清楚，不要等人家反复推敲。在听者和读者这方面呢，那就要用心体会，不望文生义，不断章取义，不以辞害意。归根到底，作为人们交际工具的语言，它的效率如何，多一半还是在于使用的人。

# 6. 古今言殊

## 语言也在变

世界上万事万物都永远在那儿运动、变化、发展，语言也是这样。语言的变化，短时间内不容易觉察，日子长了就显出来了。比如宋朝的朱熹，他曾经给《论语》做过注解，可是假如当孔子正在跟颜回、子路他们谈话的时候，朱熹闯了进去，管保他们在讲什么，他是一句也听不懂的。不光是古代的话后世的人听不懂，同一种语言在不同的地方经历着不同的变化，久而久之也会这个地方的人听不懂那个地方的话，形成许许多多方言。这种语言变异的现象，人人都有经验，汉朝的哲学家王充把它总结成两句话，叫做“古今言殊，四方谈异”。这正好用来做我们《常谈》的题目，这一次谈“古今言殊”，下一次谈“四方谈异”。

古代人说的话是无法听见的了，幸而留传下来一些古代的文字。文字虽然不是语言的如实记录，但是它必得拿语言做基础，其中有些是离语言不太远的，通过这些我们可以对古代语言获得一定的认识。为了具体说明古代和现代汉语的差别，最好拿一段古代作品来看看。下面是大家都很熟悉的、《战国策》里的《邹忌讽齐王纳谏》这一篇的头上一段：

> 邹忌修八尺有余，而形貌昳丽。朝服衣冠，窥镜，谓其妻曰：“我孰与城北徐公美?”其妻曰：“君美甚，徐公何能及君也?”城北徐公，齐国之美丽者也。忌不自信……旦日，客从外来，与坐谈，问之：“吾与徐公孰美?”客曰：“徐公不若君之美也。”

把这一段用现代话来说一遍，就会发现有很大的差别。不能光看字形。光看字形，现代不用的字只有四个：昳［yì］、曰、孰、吾。可是联系字的意义和用法来看，真正古今一致的，除人名、地名外，也只有十二个字：八、我、能、城、国、不、客、从、来、坐、谈、问。大多数的字，不是意义有所不同，就是用法有些两样。大致说来，有三种情形。

第一种情形是意义没有改变，但是现在不能单用，只能作为复音词或者成语的一个成分。有的构词的能力还比较强，如：形、貌、衣、镜、北、何、自、信、日、外；有的只在极少数词语里出现，如：丽（美丽、壮丽）、朝（朝霞、朝气、朝发夕至）、窥（窥探、窥视）、妻（夫妻、妻子）、甚（欺人太甚）。

第二种情形是意义没有改变，可是使用受很大限制。例如：作为连词的“而”、“与”，只见于一定的文体；表示从属关系的“之”只用于“百分之几”、“原因之一”等等；起指代作用的“者”只用于“作者、读者”等等；“美”现在不大用于人，尤其不用于男人（“美男子”口语不说，也不能拆开）；“有余”现在能懂，但不大用，“八尺有余”现在说“八尺多”。

第三种情形是这里所用的意义现代已经不用，尽管别的意义还用。例如：修（长）、服（穿、戴）、谓（对……说）、其（他的；“其余、其中、其一”里的“其”是“那”的意思）、公（尊称）、及（比得上）、君（尊称）、也（助词；现代的“啊”只部分地与“也”相当）、旦（“旦日”作“明日”讲）、之（他）、若（比得上）。还有一个“尺”字。似乎应该属于古今通用的一类，可是这里说邹忌身长八尺有余，显然比现在的尺小，严格说，“尺”的意义也已经改变了（汉朝的一尺大约合现在七寸半，这里的尺大概跟汉朝的差不多）。

在语法方面，也有不少差别。例如“我孰与城北徐公美?”就是古代特有的句法，底下“吾与徐公孰美?”才跟现代句法相同。“君美甚”现在说“漂亮得很”，当中必须用个“得”字。“忌不自信”也是古代的句法，现代的说法是“邹忌不相信自己（比徐公美）”，不能把“自己”搁在动词前边，搁在前边就是“亲自”的意思（如“自己动手”），不是动作对象的意思（“自救、自治、自杀”等，是古代句法结构遗留在现代语里的合成词）。“客从外来”现在说“有一位客人从外边来”，“客人”前边得加个“一位”，头里还要来个“有”字，否则就得改变词序，说成“从外边来了一位客人”。“与坐谈”也是古代语法，现在不能光说“和”，不说出和谁，也不能愣说“坐谈”，得说成“坐下来说话”。“不若君之美”的“之”字，按照现代语法也是多余的。

这短短的一段古代的文字，大多数的字都是现在还用的，可是仔细一分析，跟现代汉语的差别就有这么大。

# 语汇的变化

语言的变化涉及语音、语法、语汇三方面。语汇联系人们的生活最为紧密，因而变化也最快，最显著。①有些字眼儿随着旧事物、旧概念的消失而消失。例如《诗经 · 鲁颂》的《駉》[jiōng]这一首诗里提到马的名称就有十六种："驈"（yù，身子黑而胯下白的），"皇"（黄白相间的），"骊"（lí，纯黑色的），"黄"（黄而杂红的），"骓"（zhuī，青白杂的），"駓"（pī，黄白杂的），"骍"（xīng，红黄色的），"骐"（qí，青黑成纹像棋道的），"驒"（tuó，青黑色而有斑像鱼鳞的），"骆"（luò，白马黑鬃），骝（liú，红马黑鬃），"雒"（luò，黑马白鬃），"骃"（yīn，灰色有杂毛的），"騢"（xiá，红白杂毛的），"驔"（tǎn，小腿长白毛的），"鱼"（两眼旁边毛色白的）。全部《诗经》里的马的名称还有好些，再加上别的书里的，名堂就更多了。这是因为马在古代人的生活里占重要位置，特别是那些贵族很讲究养马。这些字绝大多数后来都不

① 关于语汇和词义的变迁，请参看王力《汉语史稿》下册，本文所引例子有一部分是从那里转引的。

用了。别说诗经时代，清朝末年离现在才几十年，翻开那时候的小说像《官场现形记》之类来看看，已经有很多词语非加注不可了。

有些字眼随着新事物、新概念的出现而出现。古代席地而坐，没有专门供人坐的家具，后来生活方式改变了，坐具产生了，“椅子”、“凳子”等字眼也就产生了。椅子有靠背，最初就用“倚”字，后来才写做“椅”。凳子最初借用“橙”字，后来才写做“凳”。桌子也是后来才有的，古代只有“几”、“案”，都是很矮的，适应席地而坐的习惯，后来坐高了，几案也不得不加高，于是有了新的名称，最初就叫“卓子”（“卓”是高而直立的意思），后来才把“卓”写做“桌”。

外来的事物带来了外来语。虽然汉语对于外来语以意译为主，音译词（包括部分译音的）比重较小，但是数目也还是可观的。比较早的有葡萄、苜蓿、茉莉、苹果、菠菜等等，近代的像咖啡、可可、柠檬、雪茄、巧克力、冰淇淋、白兰地、啤酒、卡片、沙发、扑克、哔叽、尼龙、法兰绒、道林纸、芭蕾舞等等，都是极常见的。由现代科学和技术带来的外来语就更多了，像化学元素的名称就有一大半是译音的新造字，此外像摩托车、马达、引擎、水泵、卡车、吉普车、拖拉机、雷达、X光、淋巴、阿米巴、休克、奎宁、吗啡、尼古丁、凡士林、来苏尔、滴滴涕、逻辑、米（米突）、克（克兰姆）、吨、瓦（瓦特）、卡（卡路里）等等，都已经进入一般语汇了。

随着社会的发展，生活的改变，许多字眼的意义也起了变化。比如有了桌子之后，“几”就只用于“茶几”，连炕上摆的跟古代的“几”十分相似的东西也叫做“炕桌儿”，不叫做“几”了。又如“床”，古代本是坐卧两用的，所以最早的坐具，类似现在的马扎的东西，叫做“胡床”，后来演变成了椅子，床就只指专供睡觉用的家具了。连“坐”字的意义，古代和现代也不完全一样：古代席地而坐，两膝着席，跟跪差不多，所以《战国策》里说伍子胥“坐行蒲服，乞食于吴市”，坐行就是膝行（蒲服即匍匐）；要是按现代的坐的姿势来理解，又是坐着又是走，那是绝对不可能的。

再举两个名称不变而实质已变的例子。“钟”本是古代的乐器，后来一早一晚用钟和鼓报时，到了西洋的时钟传入中国，因为它是按时敲打的，尽管形状不同，也管它叫钟，慢慢地时钟不再敲打了，可是钟的名称不变，这就跟古代的乐器全不相干了。“肥皂”的名称出于皂角树，从前把它的荚果捣烂搓成丸子，用来洗脸洗澡洗衣服，现在用的肥皂是用油脂和碱制成的，跟皂角树无关。肥皂在北方又叫“胰子”，胰子原来也是一种化妆用品，是用猪的胰脏制成的，现在也是名同实异了。

也有一些字眼的意义变化或者事物的名称改变，跟人们的生活不一定有多大关系。比如“江”原来专指长江，“河”原来专指黄河，后来都由专名变成通名了。又如“菜”，原来只指蔬菜，后来连肉类也包括进去，到菜市场去买菜或者在饭店里叫菜，都是荤素全在内。这都是词义扩大的例子。跟“菜”相反，“肉”原来指禽兽的肉，现在在大多数地区如果不加限制词就专指猪肉，这是词义缩小的例子（“肉”最初不用于人体，后来也用了，在这方面是词义扩大了）。“谷”原来是谷类的总名，现在北方的“谷子”专指小米，南方的“谷子”专指稻子，这也是词义缩小的例子。

词义也可以转移。比如“涕”，原来指眼泪，《庄子》里说：“哭泣无涕，中心不戚。”可是到汉朝已经指鼻涕了，王褒《僮约》里说：“目泪下，鼻涕长一尺。”又如“信”，古代只指送信的人，现在的信古代叫“书”，《世说新语》：“俄而谢玄淮上信至，[谢安] 看书竟，默然无言”，“信”和“书”的分别是很清楚的。后来“信”由音信的意思转指书信，而信使的意思必得和“使”字连用，单用就没有这个意思了。

词义也会弱化。比如“很”，原来就是凶狠的“狠”，表示程度很高，可是现在已经一点也不狠了，例如“今天很冷”不一定比“今天冷”更冷些，除非“很”字说得特别重。又如“普遍”，本来是无例外的意思，可是现在常听见说“很普遍”，也就是说例外不多，并不是毫无例外。

如果我们换一个角度来看事物怎样改变了名称，那么首先引起我们注意的是，像前边分析《战国策》那一段文字的时候已经讲过的，很多古代的单音词现代都多音化了。这里再举几个人体方面的例子：“耳”成了“耳朵”，“眉”成了“眉毛”，“鼻”成了“鼻子”，“发”成了“头发”。有的是一个单音词换了另外一个单音词，例如“首”变成“头”（原来同义），“口”变成“嘴”（原来指鸟类的嘴），“面”变成“脸”（原来指颊），“足”变成“脚”（原来指小腿）。有些方言里管头叫“脑袋、脑壳”，管嘴叫“嘴巴”，管脸叫“面孔”，管脚叫“脚板、脚丫子”，这又是多音化了。

动词的例子：古代说“食”，现代说“吃”；古代说“服”或“衣”，现代说“穿”；古代说“居”，现代说“住”；古代说“行”，现代说“走”。形容词的例子：古代的“善”，现代叫“好”；古代的“恶”，现代叫“坏”；古代的“甘”，现代叫“甜”；古代的“辛”，现代叫“辣”。

字眼的变换有时候是由于忌讳：或者因为恐惧、厌恶，或者因为觉得说出来难听。管老虎叫“大虫”，管蛇叫“长虫”，管老鼠叫“老虫”或“耗子”，是前者的例子。后者的例子如“大便、小便”、“解手”、“出恭”（明朝考场里防止考生随便进出，凡是上厕所的都要领块小牌子，牌子上写着“出恭入敬”）。

## 语法、语音的变化

语法方面，有些古代特有的语序，像“吾谁欺?”，“不我知”，“夜以继日”，现代不用了。有些现代常用的格式，像“把书看完”这种“把”字式，“看得仔细”这种“得”字式，是古代没有的。可是总起来看，如果把虚词除外，古今语法的变化不如语汇的变化那么大。

语音，因为汉字不是标音为主，光看文字看不出古今的变化。现代的人可以用现代字音来读古代的书，这就掩盖了语音变化的真相。其实古今的差别是很大的，从几件事情上可以看出来。第一，旧诗都是押韵的，可是有许多诗现在念起来不押韵了。例如白居易的诗：“离离原上草，一岁一枯荣［róng］。野火烧不尽，春风吹又生 [shēng]。远芳侵古道，晴翠接荒城 [chéng]。又送王孙去，萋萋满别情 [qíng]。”这还是唐朝的诗，比这更早一千多年的《诗经》里的用韵跟现代的差别就更大了。其次，旧诗里边的“近体诗”非常讲究诗句内部的平仄，可是许多诗句按现代音来读是“平仄不调”的。例如李白的诗：“青山横北郭，白水绕东城。此地一为别，孤篷万里征……”，“郭”、“白”、“别”三个字原来都是入声，归入仄声，可是现在“郭”是阴平，“白”、“别”是阳平，于是这四句诗就成为“平平平仄平，平仄仄平平，仄仄平平平，平平仄仄平”了。又其次，汉字的造字法里用得最多的是形声法，常常是甲字从乙字得声，可是有许多这样的字按现代的读音来看是不可理解的。例如“江”从“工”得声，“潘”从“番”得声，“泣”从“立”得声，“提”从“是”得声，“通”从“甬” [yǒng] 得声，“路”从“各”得声，“庞”从“龙”得声，“移”从“多”得声，“谅”从“京”得声，“悔”从“每”得声，等等。从上面这些事例看来，汉字的读音，无论是声母、韵母、声调，都已经有了很大的变化了。

# 从文言到白话

语言在不断地变化，文字自然也得跟着变化，可是事实上文字的变化总是落后于语言，而且二者的距离常常有越拉越大的倾向。这主要有两个原因。第一，人们学习文字是对着书本学的，——就是用拼音文字的民族，也不是让儿童学会了几十个字母和一套拼音规则就了结，也还是要“念书”的，——书上有的字，口语里不用了，也得学；口语里有的字，书上没有，就学不到。尤其是因为念的书往往是些经典，宗教的、历史的和文学的经典，它们的权威给文字以极大影响，使它趋于保守。第二个也许是更重要的原因是，文字是读书识字的人——在古代主要是统治阶级——的交际工具，这种人在人口中占极少数，只要这些人可以彼此了解就行了，不识字的人民群众懂不懂是不考虑的，跟他们有关系的事儿可以讲给他们听。由于这两个原因，历史上曾经多次出现过脱离口语的书面语，像欧洲中世纪的拉丁文、印度中世纪的梵文，都是显著的例子。

在中国，除了这些原因，还有汉字起着推波助澜的作用。汉语演变的主要趋势是语词多音化，而汉字不表音，便于用一个字来代表一个复音词，比如嘴里说“眉毛和头发”，笔底下写“眉发”，既省事，又“古雅”，一举两得。而况口语里有些字究竟该怎么写，也煞费踌躇，虽然历代不断出现新造的字（而且各写各的，以致异体泛滥），到现在仍然有许多口语里的字写不出来或者没有一定的写法。同时，汉字的难学使中国的读书识字的人数经常维持很小的比率，而既读书识字则了解传统的文字又比用拼音文字的民族容易，社会上对于语体文字的需要就不那么迫切，因而造成长期使用所谓“文言”的局面。

跟文言对待的是所谓“白话”。白话最初只在通俗文学里使用，直到“五四”以后才逐步取代文言，成为唯一通用的书面汉语。这是大概的说法，不免有点简单化。一方面，口语不断冲击书面语，使文言的面貌起变化；另一方面，白话在最初还不能完全摆脱文言的影响，而在它成为通用的书面语之后，更不能不从文言吸收许多有用的成分。

上古时代的文字可以拿《书经》做例子：

先王有服，恪遵天命，兹犹不常宁；不常厥邑，于今五邦。今不承于古，罔知天之断命，矧曰其克从先王之烈！若颠木之有由蘖，天其永我命于兹新邑，绍复先王之大业，底绥四方。①

这在当时应该是接近口语的语体文，不过跟后世的口语差别很大，就被认为是古奥的文言了。

像本文头上引的那一段《战国策》可以代表周朝末年的一般文字，大概跟当时的语言也还相去不远。汉魏以后的文字多数沿袭先秦的语汇、语法，跟语言的距离越来越大。但是也有多少接受口语影响的文章，像陶渊明的《桃花源记》就是一个例子。

南齐的文人任昉有一篇弹劾刘整的奏疏，本文是工整的“骈文”（比一般“古文”更多雕琢），里边引述有关的诉状和供词却是语体。选录一部分如下：

臣闻：马援奉嫂，不冠不入；氾 [fàn] 毓字孤，家无常子。是以义士节夫，闻之有立。千载美谈，斯为称首。……

① 这是《盘庚》上篇里的一段，有顾颉刚先生的译文：“先王的规矩，总是敬顺天命，因此他们不敢老住在一个地方，从立国到现在已经迁徙了五次了。现在若不依照先王的例，那是你们还没有知道上天的命令要弃去这个旧邑，怎说得到继续先王的功业呢！倒仆的树木可以发生出新芽。上天要我们迁到这个新邑中来，原是要把我们的生命盛长在这里，从此继续先王的伟大的功业，把四方都安定呢！”

> 谨案齐故西阳内史刘寅妻范，诣台诉，列称：……叔郎整常欲伤害侵夺。……寅第二庶息师利去岁十月往整田上，经十二日，整便责范米六斛哺食。米未展送，忽至户前，隔箔攘拳大骂。突进房中屏风上取车帷准米去。二月九日夜，[整] 婢采音偷车栏、夹杖、龙牵，范问失物之意，整便打息逡。整及母并奴婢等六人，来至范屋中，高声大骂，婢采音举手查范臂。……臣谨案：新除中军参军臣刘整，闾阎阘茸[tà-róng]，名教所绝。直以前代外戚，仕因纨绔。恶积衅稔[rěn]，亲旧侧目。……

这一段引文的中间部分和前后两部分形成显明的对照。诉状供词，轻则关乎一场官司的胜败，重则牵连到一个人或是许多人的性命，人家怎么说，你就得怎么记，自古以来都是如此。

写信是代替面谈的，所以一般书信（即除了“上书”之类）总是比较朴素，不能离开口语太远。陆机、陆云两弟兄是晋朝的有名的文人，陆云写给哥哥的信是这样的：

> ……四言五言非所长，颇能作赋（“颇”是稍微的意

思)，为欲作十篇许小者为一分。……欲更定之，而了不可以思虑。今自好丑不可视，想冬下体中佳，能定之耳。兄文章已自行天下，多少无所在。且用思困人，亦不事复及以此自劳役。闲居恐复不能不愿①，当自消息。

宗教是以群众为对象的，所以佛经的文字也包含较多的口语成分。引《百喻经》里的一个故事做例子：

昔有愚人，至于他家。主人与食，嫌淡无味。主人闻已，更为益盐。既得盐美，便自念言："所以美者，缘有盐故。少有尚尔，况复多也？"愚人无智，便食空盐。食已口爽（"爽"是伤、败的意思），返为其患。

白话的兴起跟佛教大有关系。佛经里边有很多故事，和尚讲经常常利用这些故事，加盐添醋，像说书似的，很受群众欢迎。后来扩大范围，佛经以外的故事也拿来说。《敦煌变文集》里还保存着好多这样的故事记录，引一段做例子：

---

① "愿"字疑误。

青提夫人闻语，良久思惟，报言："狱主，我无儿子出家，不是莫错?"狱主闻语却迴，行至高楼，报言："和尚，缘有何事，诈认狱中罪人是阿娘?缘没事谩语?"（"没"就是"什么"）目连闻语，悲泣雨泪，启言："狱主……贫道小时名罗卜，父母亡没已后，投佛出家……狱主莫嗔，更问一迴去。"

除此之外，禅宗的和尚讲究用言语启发，这些问答的话，听的人非常重视，照实记下来，流传成为"语录"。后来宋朝的理学家学他们的样儿，也留下来许多语录。这些语录是很接近口语的，也引一段为例：

诸和尚子……莫空游州打县，只欲捉搦闲话。待和尚口动，便问禅问道……到处火炉边，三个五个聚头，口喃喃举。更道遮个是公才悟，遮个是从里道出，遮个是就事上道，遮个是体悟。体你屋里老耶老娘!噇却饭了，只管说梦，便道"我会佛法了也"?

白话作品从什么时候开始，这个问题难于得到一个确定的回答。一则有些古代文字，像前面任昉的文章里所引诉状，虽然是语体，可是毕竟跟近代的语言差别太大。二则流转下来的资料总是文白夹杂的多；大概说来，记录说话的部分白话的成分多些，叙事的部分文言的成分多些。通篇用语体，而且是比较纯净的语体，要到南宋末年的一部分“话本”（如《碾玉观音》、《西山一窟鬼》）才能算数。甚至在这以后，仍然有文白夹杂的作品出现，《三国演义》就是一个例子。

白话就是这样在那里慢慢地生长着，成熟着。但是一直是局限在通俗文学的范围之内，直到“五四”之后才占领了整个文艺界的阵地。这跟当时中国革命的发展有极大关系，是新文化运动的一个内容。但是在实用文的范围内，文言文的优势在反动派统治的地区还维持了一个时期。随着解放战争的胜利、中华人民共和国的成立，白话文才成为一切范围内的通用文字。但是发展到了这个阶段，白话的面貌跟半个世纪以前已经大有不同了：它继承了旧白话的传统，又从文言，并且在较小的程度上也从外语，吸取了有用的语汇和语法，大大地丰富了和提高了。

# 7. 四方谈异

## 汉语有多少方言?

每一个离开过家乡的人，每一个有外乡人的市镇或村庄的居民，都曾经听见过跟自己说的话不一样的外乡话。在像上海这样的“五方杂处”的城市，差不多每个人都有机会跟说外乡话的人打交道。比如有一家无锡人搬来上海住，他们家里说的是无锡话，他们家里请的保姆说的是浦东话，他们楼上住着一家常州人，说的是常州话，隔壁人家是广东来的，说的是广州话，弄堂口儿上“烟枝店婶婶”说的是宁波话。他们彼此交谈的时候，多半用的是不纯粹的上海话，也许有几个老年人还是用他们的家乡话，别人凑合着也能懂个八九成（除了那位广东老奶奶的话）。他们在电影院里和收音机里听惯了普通话，所以要是有说普通话的人来打听什么事情，他们也能对付一气。这些人家的孩子就跟大人们有点不同了，他们的普通话说得比大人好，他们的上海话更加地道，那些上过中学的还多少懂几句外国话，在他们的生活里，家乡话的用处越来越小了。——这，在一定程度上反映着全国人民至少是大城市居民的既矛盾而又统一的语言（口语）生活。

大家都知道汉语的方言很多，可究竟有多少呢？很难用一句话来回答。看你怎样给方言下定义。如果只要口音有些不同，就算两种方言，那就多得数不清，因为有时隔开十里二十里口音就不完全一样。要是一定要语音系统有出入（甲地同音的字乙地不同音，而这种分合是成类的，不是个别的），才算不同的方言，大概会有好几百，或者一二千。要是只抓住几个重要特点的异同，不管其他差别，那就可能只有十种八种。现在一般说汉语有八种方言就是用的这个标准。这八种方言是：北方话（从前叫做“官话”）、吴语、湘语、赣语、粤语、客家话、闽南话、闽北话。[①]实际上这北方话等等只是类名，是抽象的东西。说“这个人说的是

---

① 这些名称有的用“话”，有的用“语”。有些学者嫌这样参差不好，主张一律称为方言：北方方言、吴方言等等。能够这样当然很好，不过旧习惯一时还改不过来。

北方话”，意思是他说的是一种北方话，例如天津人和汉口人都是说的北方话，可是是两种北方话。只有天津话、汉口话、无锡话、广州话这些才是具体的、独一无二的东西：只有一种天津话，没有两种天津话。宁可把“方言”的名称保留给这些个“话”——刚才说了，汉语里大概有好几百或者一二千，——把北方话等等叫做方言区。一个方言区之内还可以再分几个支派，或者叫做方言群，比如北方话就可以分华北（包括东北）、西北、西南、江淮四大支。

## 方言语汇的差别

方言的差别最引人注意的是语音，划分方言也是主要依据语音。这不等于不管语汇上和语法上的差别。事实上凡是语音的差别比较大的，语汇的差别也比较大。至于语法，在所有汉语方言之间差别都不大，如果把虚词算在语汇一边的话。

现在引一段苏州话做个例子来看看。[1]

---

① 引自倪海曙的苏州话小说《黄包车》，收入作者的《杂格咙咚集》（1950）。

俚走出弄堂门口，叫啥道天浪向落起雨来哉。

他走出胡同口儿，谁知道天上下起雨来了。

啊呀，格爿天末实头讨厌，吃中饭格辰光，

啊呀，这种天么实在讨厌，吃午饭的时候，

还是蛮蛮好格碗，那哼会得落雨格介？

还是很好很好的呀，怎么会下雨的呀？

又弗是黄梅天，现在是年夜快哉呀！

又不是黄梅天，现在是快过年啦！

这里可以看出，苏州话和普通话在语汇上是很有些差别的。可是语法呢？抛开虚词，这里只有两点可说：苏州话的“蛮”相当于普通话的“很”，可是苏州话可以说“蛮蛮”（加强），普通话不能说“很很”；苏州话说“年夜快”，普通话说“快过年”，语序不同。当然不是说苏州话和普通话在语法上的差别就这一点儿，可是总的说来没有什么了不起。语汇方面有两处需要说明：一、不是任何“口儿”苏州话都叫“门口”，这里写的是上海的事情，上海的里弄口儿上都有一道门，所以说“弄堂门口”。二、不是所有的“这种”苏州话都说“格爿”，只有意思是“这么一种”并且带有不以为然的口气的“这种”才说成“格爿”。

比较方言的语汇，首先要区别文化语汇和日常生活语汇。文化语汇，特别是有关新事物的用语，各地方言是一致的，有例外也是个别的。比如下面这句话：“做好农田基本建设工作，有计划有步骤地把旱田改造成水田，把坏地改造成好地，是从根本上改变这些地区的自然面貌、扩大稳产高产农田面积的重要措施”，方言的差别只表现在“把”、“是”、“的”、“这些”等虚词上，在实词方面是没有什么差别的。

比较方言的语汇，还应当特别注意：别以为都是一对一的关系，常常是一对多乃至多对多的关系（几个一对多凑在一块儿）。比如语气词，每个方言都有自己的语气词系统，两个方言之间常常是不一致的。不但是虚词，实词方面也不见得都是一对一。鲁迅的小说《社戏》里写阿发、双喜他们偷吃田里的罗汉豆，这罗汉豆是绍兴方言，别处叫蚕豆，绍兴话里也有蚕豆，可那是别处的豌豆。又如钟和表，南方的方言都分得很清，可是北方有许多方言不加分别，一概叫做表。又比如你听见一个人说“一只椅子四只脚”，你会以为他的方言里只有“脚”，没有“腿”，管腿也叫脚。其实不然，他的方言跟你的方言一样，腿和脚是有分别的，只是在包括这两部分的场合，你用“腿”概括脚，他用“脚”概括腿罢了。还有比这更隐晦的例子。比如两个朋友在公园里碰见了，这一位说：“明儿星期天，请你到我们家坐坐。”那一位说：“我一定去。”这一位听了很诧异，说：“怎么，你倒是来不来呀?”他诧异是因为按照他的方言，他的朋友应该说“我一定来”。

## 主要的语音分歧

汉语方言的语音差别是很大的。上面那一段苏州话，用汉字写下来，你虽然不是吴语区的人，也能懂个十之八九。可要是让一个苏州人说给你听，管保你懂不了三成。撇开语调不谈，单就字音来比较，我们可以指出汉语方言中间主要有哪些分歧。汉语字音是由声、韵、调三个成分构成的，这三方面都有一些影响面比较大的分歧点。但是在谈到这些特点以前，得先知道音类分合和音值异同的区别。最好拿声调来做例子。普通话只有四声，苏州话却有七声，这里显然有调类分合的问题。可是同是阳平声的字（如“前”、“年”），普通话是高升调，苏州话是低升调，听起来不一样，这只是调值不同，不关调类的事。再举个韵母的例子。比如萧豪韵的字，在普通话里是一个韵（ao，iao），在吴语区方言里也都是一个韵，可是这个韵母的音在这些方言里不一致，其中也很少是跟普通话相同的；这也只是音值的问题，不是音类的问题。我们要谈的语音分歧是音类上的，不是音值上的。下面列举一些主要的分歧。有一点需要先在这里交代一下：这里指出来的某某方言区有某某特点，都是就大势而论，常常有部分方言是例外。

（1）有没有浊声母。这里说的浊声母指带声的塞音、塞擦音、擦音，不包括鼻音和边音。汉语方言里只有吴语和一部分湘语有浊声母，在这些方言里，举例来说，“停”和“定”是一个浊声母，跟“听”的声母不同，跟“订”的声母也不同。这种浊声母在各地方言里变化的情况如下（用 dh 代表上面说的那个浊声母）：

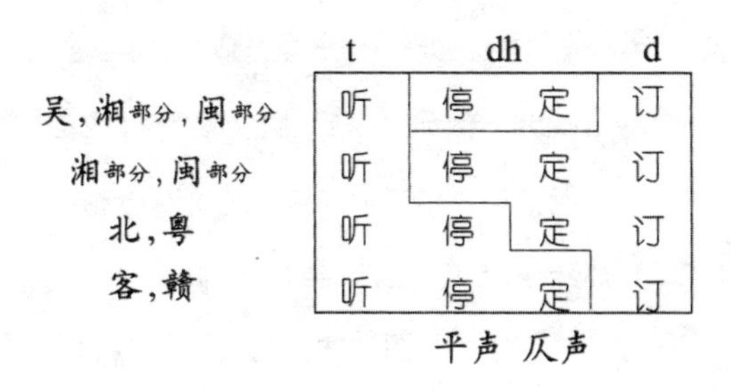


（2）在 -i 和 - ü 前边分不分 z-，c-，s- 和 j-，q-，x-（或 g-，k-，h-），例如“酒、秋、想”等字和“九、邱、响”等字是否声母相同。[①] 闽语、粤语、客家话、吴语、少数北方话（20%）、少数湘语、少数赣语有分别。多数北方话（80%）、多数湘语、多数赣语无分别。

（3）分不分 z-，c-，s- 和 zh-，ch-，sh-，例如“资、雌、丝”等字和“知、痴、诗”等字是否声母相同。多数北方话（华北、西北的大多数，西南、江淮的少数），湘语，一部分赣语，一部分客家话分两套声母，但是字的归类不完全相同，有些字在某些方言里是 zh-，ch-，sh-，在另一些方言里是 z-，c-，s-。闽语、粤语、吴语、一部分赣语、一部分客家话、少数北方话（西南、江

① 一般所说尖音和团音的分别，专指 zi、zü 等音和 ji、jü 等音的分别，不涉及 gi、gü 等音。

淮的多数）只有一套声母，发音绝大多数是 z-，c-，s-。

（4）分不分 n- 和 l-，例如（一）“脑、难”和“老、兰”是否声母相同，（二）“泥、年”和“犁、连”是否声母相同。

（一）（二）都分　　粤，客，吴，北多数

（一）不分，（二）分　　湘，赣，北（西北少数，西南少数）

（一）（二）都不分　　北（西南多数，江淮少数）

闽语分 n- 和 l-，但是字的归类跟上面第一类方言不完全一致，闽北话比较接近，闽南话很多字由 n- 变成 l-。

（5）n-，ng- 和零声母的分合。可以把有关的字分四类来看。

（一）“碍、爱、耐”是否声母相同。

碍 ng- ≠ 爱 O- ≠ 耐 n-　　闽，粤，客，吴

碍 ng- = 爱 ng- ≠ 耐 n-　　赣，湘部分，北部分

碍 O- = 爱 O- ≠ 耐 n-　　湘部分，北部分

碍 n- = 爱 n- = 耐 n-　　北少数

（二）“牛”和“扭”是否声母相同。

牛 ng- ≠ 扭 n-　　粤

牛 ng-/g- ≠ 扭 n- = /l-　　闽

牛 n-/gn- = 扭 n-/gn-　　其余

（三）“误”和“恶”（可恶）是否声母相同。

误 ng-≠恶 O-　　闽，粤，客，吴，湘$_{\text{部分}}$

误 O-＝恶 O-　　北，赣，湘$_{\text{部分}}$

（四）“遇”和“裕”是否声母相同。

遇 ng-/gn-≠裕 O-　　闽，客，吴，湘$_{\text{部分}}$

遇 O-＝裕 O-　　北，粤，赣，湘$_{\text{部分}}$

（6）分不分 -m，-n，-ng，例如“侵、亲、清”是否韵尾相同，“沉、陈、程”是否韵尾相同。

侵 -m≠亲-n≠清-ng　　粤，闽南

侵 -n＝亲-n≠清-ng　　北（华北，西北$_{\text{部分}}$）

侵 -m≠亲-n＝清-n　　客

侵＝亲＝清（皆-n/-ng）　　吴，湘，赣，闽北，北（江淮，西南，西北$_{\text{部分}}$）

客家话的-m 韵尾只保存在一部分字里，另一部分字已经变成 -n。

（7）有没有韵母和介母 ü。有些方言没有 ü 这个音，有些方言用到 ü 音的字数比别的方言少。这些方言一般是用 i 去代 ü，造成“吕、李”同音，“需、西”同音，“宣、先”同音，在一定条件下也用 u 代 ü，造成“宣、酸”同音，“云、魂”同音，“君、昆”同音。各地方言比较，华北北方话有 ü 音的字最多，西北、西南、江淮北方话都有些方言减少一部分字，甚至完全没

有 ü 音（如南京话、昆明话）。北方话之外，在 ü 音字的多寡上，赣语很接近华北，其次是粤语，又其次是吴语，湘语，闽北话。客家话和闽南话完全没有 ü 音，粤语等也有个别方言完全没有 ü 音。

（8）有没有入声。北方话之外的方言都有入声，北方话也有一部分方言有入声。有入声的方言，入声的发音分三类：（一）粤语、赣语、客家话、闽南话，分别-b，-d，-g 三种塞音韵尾；（二）吴语、闽北话、某些北方话（主要是江淮话），没有这种分别，只有一个喉塞音；（三）湘语、某些北方话（主要是少数西南话），没有特殊韵尾，只是自成一种声调。没有入声的方言，对于古代入声字的处理可以分两类：（一）全部并入另一声调（多为阳平），大多数西南方言属于这一类；（二）分别转到阴平、阳平、上声、去声，或其中的两声、三声，大多数华北和西北方言属于这一类。

别的分歧还有不少，但是有的影响面较小，有的情况复杂，不容易简单说明，这里都不说了。

## 方言和方言之间的界限

无论是语音方面还是语汇方面，方言和方言之间的界限都不是那么整齐划一的。假如有相邻的甲、乙、丙、丁四个地区，也许某一特点可以区别甲、乙为一方，丙、丁为一方，另一特点又把甲、乙、丙和丁分开，而第三个特点又是甲所独有，乙、丙、丁所无。比如在江苏省东南部和上海市的范围内，管“东西”叫“物（音‘末’）事”的有以启东、海门、江阴、无锡为边界的二十一个县、市；管“锅”叫“镬子”的地区基本上相同，但是江阴说“锅”；管“锅铲”叫“铲刀”的，除上面连江阴在内的地区外，又加上邻近的常州、扬中、泰兴、靖江、南通市、南通县六处；管“肥皂”叫“皮皂”的，又在原地区内减去启东、海门两处，加上常州一处；如此等等。

如果在地图上给每一个语音或语汇特点画一条线——方言学上叫做“同言线”，——那么两个方言之间会出现许多不整齐的线，两条线在一段距离内合在一起，在另一段又分开了。请看下页的图。

从图上可以看出，这个地区的话可以分成两个方言，这是不成问题的，可是在哪儿分界就不是那么容易决定了。

不但方言和方言之间是这种情况，方言区和方言区之间也是这种情况，像前边说过的“物事”、“镬子”、“铲刀”、“皮皂”，都属于吴语的词汇，可是分布的广狭就不一致。甚至相邻的亲属语

**昌黎—卢龙—抚宁地区方言图①**

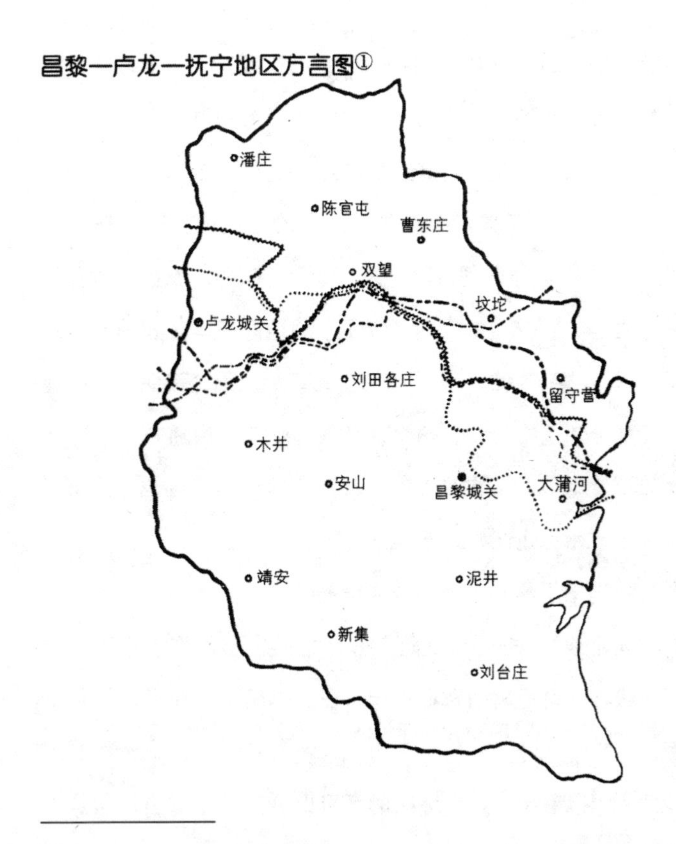


① 这个图是根据《昌黎方言志》（1960，科学出版社）里的方言图重画的。图的范围是调查时间（1959）的河北省昌黎县县界，比现在的县界（也是1958年以前的旧界）大，包括现在的昌黎全县（图里的南部），卢龙县的一部分（图里的西北部），抚宁县的一部分（图里的东北部）。这里用昌黎地区的方言图做例子，因为这是唯一的调查点比较密的材料，其他材料大都是一县调查一两点，点与点之间距离太大，同言线不好画。

## 图 例

······ 线以北，"爱、袄、暗、岸"的声母是n，分别跟"耐、脑、难（灾难）"同音；线以南，"爱、袄、暗、岸"的声母是ng 不跟"耐"等同音。

—·—·— 线以北，儿韵和儿化韵都不卷舌；线以南都卷舌。

— — — — (1) 线以北，"头·上，黄·瓜"的"头、黄"跟单说的"头、黄"同声调；线以南不同声调。

(2) 线以北，"没钱"的"没"跟"没来"的"没"同音；线以南，不同音。

～～～～ 线以北，"腌菜"的"腌"的声母是零；线以南是r。

-------- 线以北，管啄木鸟叫"鸽（qiān）鸽木"；线以南，管这种鸟叫"鸽得木"，"鸽搭木"或"鸽刀木"。

言之间，如南欧的罗马系诸语言之间，东欧的斯拉夫系诸语言之间，也都有这种情况。单纯根据口语，要决定是几种亲属语言还是一种语言的几种方言，本来是不容易的。事实上常常用是否有共同的书面语以及跟它相联系的“普通话”来判断是不是一种语言。比如在德国和荷兰交界地方的德语方言，跟荷兰语很相近，跟德国南方的方言反而远得多。德语作为一个统一的语言，跟荷兰语不相同，主要是由于二者各自有一个“普通话”。在没有文字的情况下，语言和方言就很不好区别。这也就是对于“世界上究竟有多少种语言?”这个问题难于作确定的回答的原因。

方言调查对于语言史的研究很有帮助。古代的语音语汇特点有的还保存在现代方言里，例如吴语和湘语里的浊声母，闽语、粤语、客家话里的塞音韵尾（-b，-d，-g）和闭口韵尾（-m）。（更正确点应该说是我们关于古音的知识很大一部分是从比较现代方言语音得来的。）现代已经不通用的语词很多还活在方言里，例如“行”、“走”、“食”（闽、粤、客，＝走、跑、吃），“饮”（粤，＝喝），“着”（粤、吴，＝穿衣），“面”、“翼”、“晓”（闽、粤，＝脸、翅膀、知道），“箸”（闽、客，＝筷子），“晏”、“新妇”（闽、粤、吴，＝晚、儿媳妇），“目”、“啼”、“糜”、“汤”（闽，＝眼睛、哭、粥、热水），等等。这些都是原来常用的词，原来不常用，甚至只是记载在古代字书里的，在方言里还可以找到不少。但是一定要词义比较明细，字音对应合乎那个方言的规律，才能算数。否则牵强附会，滥考“本字”，那是有害无益的事情。

汉语从很早以来就有方言。汉朝的扬雄编过一部《輶轩使者绝代语释别国方言》，后代简称为《方言》，记录了很多汉朝的方言词。按照这部书的内容，汉朝的方言大致可以分成十一区：秦晋、赵魏、燕代、齐鲁、东齐青徐、吴扬越、卫宋、周韩郑、汝颍陈楚、南楚、梁益。但是扬雄的书只管方“言”，不管方“音”，所以看不出这些地区的语音是怎样不同。后来续《方言》的书很不少，可惜那些作者都只着重在古书里考求方言词的“本字”，不注重实地调查，不能反映方言的分布情况。因此一部汉语方言发展史研究起来就很困难。要说各地方言古今一脉相承，显然不大可能，因为居民有迁徙（历史上有很多大量迁徙的记载），方言也有消长。也有人以为现代方言都出于古代的一种有势力的方言，这也不近情理，因为在封建社会的条件下，不可能有一种方言的力量能够把别的方言彻底排除。

## 要推广普通话

在一种语言没有“普通话”的情况下，方言只有一个意义，只是某一语言的一个支派。要是这种语言有了一种“普通话”，“方言”就多了一层跟“普通话”相对待的意思。“普通话”的形成跟书面语的产生和发展有关系。书面语以某一方言为基础，同时又从别的方言乃至古语、外语吸收有用的成分。基础方言本身的变化反映在书面语上，而通过书面语的使用和加工，基础方言又得到了扩大和提高，渐渐成为一种“普通话”。可见“普通话”和书面语是互相影响、互相促进的。古代汉语有没有“普通话”？也可以说是有，也可以说是没有。古代有所谓“雅言”，扬雄的书里也常常说某词是“通语”、“四方之通语”。这些“通语”多半是见于书面的，可是未必有统一的语音，也未必能构成一个比较完整的语汇（也就是说，在当时的语汇里还有一部分是“语”而非“通”，有一部分是“通”而非“语”）。加上从汉朝起书面语渐渐凝固下来，走上跟口语脱节的道路。因此，尽管每个时代都有一两种方言比别的方言有更大的威望，①可是不容易产生一种真正的普通话。一直要等到一种新的书面语即所谓“白话”兴起之后，才再度提供这种可能，并且经过几百年的发展，终于由可能变成现实。

事物的发展大都决定于客观的形势。我们现在不能再满足于“蓝青官话”，而要求有明确标准的“普通话”，不能再满足于这种普通话只在某一阶层的人中间通行，而要求它在全民中间逐步推广，这都是由我们的时代和我们社会的性质决定的。推广普通话的重要性已经为多数人所认识，不用我再在这里多说。我只想提一两件小事情，都是自己的切身经验。五十年前初到北京，

---

① 6世纪末，《颜氏家训》的作者颜之推评比当时方音，说：“榷而量之，独金陵与洛下耳。”他主要是讲书面语里的字音，而且不但“参校方俗”，还要“考覈古今”，所以他的评价不完全是根据实际形势，但是大概也是符合实际形势的。9世纪的胡曾有《嘲妻家人语音不正》诗：“呼‘十’却为‘石’，唤‘针’将作‘真’，忽然云雨至，却道是天‘因’。”可见那时候也有公认的“正”音。

有一天是下雨天，一个同住的南方同学出门去。他用他的改良苏州话向停在马路对面的洋车连叫了几声“wángbæ-jū”（“黄包车”，他以为“车”该说 jū），拉车的只是不理他，他不得不回来搬救兵。公寓里一位服务员走出去，只一个字：“chē !”洋车马上过来了。另一件事是我第一次看《红楼梦》的时候，看到史湘云行酒令，拿丫头们开玩笑，说：“这鸭头不是那丫头，头上哪讨桂花油?”觉得这有什么可笑的，“鸭”[aʔ] 头本来不是“丫”[o] 头嘍。其实这样的例子多得很：“有什么福好享? 有个豆腐!”“骑驴来的?——不，骑鹿（路）来的。”这些都是普通话里同音而很多方言里不同音的。当然这些都是很小的小事情，不过既然在这些小事情上不会普通话还要遇到困难，在大事情上就更不用说了。

方言地区的人怎样学习普通话? 最重要的还是一个“练”字。懂得点发音的知识，对于辨别普通话里有而家乡话里没有的音，像 zh-，ch-，sh-和 z-，c-，s-的分别，n-和 l-的分别，-n 和-ng 的分别，自然有些用处，然而不多多练习，那些生疏的音还是发不好的。至于哪些字该发 zh-的音，哪些字该发 z-的音，哪些字是 n-，哪些字是 l-，如此等等，更加非死记多练不可。有时候能从汉字的字形得到点帮助，例如“次、瓷、资、咨、谘、姿、恣”是 z-或者 c-，“者、猪、诸、煮、箸、著、褚、储、躇”是 zh-或者 ch-。可是这只是一般的规律，时常会遇到例外，例如“则、厕、侧、测、恻”都是 z-或者 c-，可是“铡”却是 zh-。又如“乍、炸、诈、榨”都是 zh-，可是“作、昨、柞、怎”又都是 z-，这就更难办了。(这个例子碰巧还是有点规律，凡是 a 韵的都是 zh-，不是 a 韵的都是 z-。)

推广普通话引起怎样对待方言的问题。“我们推广普通话，是为的消除方言之间的隔阂，而不是禁止和消灭方言。”[①]普通话逐步推广，方言的作用自然跟着缩小。学校里的师生、部队里的战士、铁路和公路上的员工、大中城市的商店和服务行业的工作人员，为了实际的需要，都会学说普通话，在一些大城市里，很可能在一个家庭之内，老一代说的是方言，第二代在家里说方言，到外面说普通话，第三代就根本不会说或者说不好原来的“家乡话”。但是尽管使用范围逐渐缩小，方言还是会长期存在的。普通话为全民族服务，方言为一个地区的人服务，这种情况还会继

---

① 周恩来：《当前文字改革的任务》，1958 年 1 月 10 日在政协全国委员会举行的报告会上的报告。

续很长一个时期。在不需要用普通话的场合，没有必要排斥方言，事实上也行不通。甚至“只会说普通话的人，也要学点各地方言，才能深入各个方言区的劳动群众”[1]。但是这不等于提倡用方言。比如用方言写小说、演话剧，偶一为之也无所谓，可不必大加推崇、广为赞扬，认为只有用方言才“够味儿”。普通话也是挺够味儿的。

---

① 周恩来：《当前文字改革的任务》，1958 年 1 月 10 日在政协全国委员会举行的报告会上的报告。

# 8. 文字改革

## 汉字能满足我们对文字的要求吗?

语言是一种工具，文字代表语言，当然更加是一种工具。一种工具要是不能很好地完成任务，就得加以改进或改革。有时候一种文字，由于这种或那种原因，不能很好地代表语言，于是产生改革的需要，在世界文字史上是数见不鲜的事情。土耳其文原先用阿拉伯字母，不适合土耳其语的语音结构，在本世纪20年代改用拉丁字母。朝鲜和越南原先用汉字，现在都用拼音文字。日本文原先以汉字为主体，搭着用些假名（音节字母），现在以假名为主体，搭着用些汉字。我们现在用的汉字是不是适应现代汉语的情况，能不能满足我们对文字的要求，要不要改革，怎样改革，这是摆在我们面前的问题。

文字问题不能脱离语言问题来考虑。在历史上，汉字改革问题一直是汉语文改革问题的一部分。

六十年前，当我还是个小学生的时候，我国人民使用语言文字的情况跟现在是很不相同的。那时候，一个人从小学会了说本地话，六岁上学读文言书——《论语》、《孟子》或者《国文教科书》，看你进的是哪路学堂，——也学着写文言文。说话和读书各管一方，有些联系，但是很不协调。比如你学了许多汉字，可那只能用来写文言，要用它写本地话就有许多字眼写不出。

一个人要是一辈子不离开家乡，自然不会发生语言问题。可要是上外地去上学，或者去当学徒，或者去做买卖什么的，家乡话就常常不管用了。到哪里得学哪里的话，除非你家乡话跟那里的话差别不大，能凑合。我上的中学是江苏省第五中学，在常州，老师有常州人，有苏州人，有宜兴人，有江阴人，有无锡人，有靖江人，说的话全跟我的家乡丹阳话不一样。头一个星期我上的课全等于没上，一个月之后还有一位动物学老师的话只懂得一半。那时候还没有什么“国语”，就是后来有了“国语”，也只是在小学生中间闹腾闹腾，社会上一般人很少理会它，因为在吴语区它的作用还赶不上一种方言。比如你到上海去办事，最好是能说上海话，其次是附近几个县的方言。要是说“国语”，连问个路都有困难。

书面交际用文言，可是大家也都看白话小说，全是无师自通。遇到不认识的字，意思好猜，——有时候也猜不出，——字音不知道，也没地方问。我记得在《儿女英雄传》里第一次碰见“旮旯”两个字，意思是懂了，可一直不知道怎么念，——这两个字没法子念半边儿。

这种情况，我小时候是这样，我父亲、我祖父的时候也是这样，大概千百年来都是这样。大家习惯了，以为是理所当然，想不到这里边会有什么问题，也想不出会有什么跟这不一样的情况。

## 早就有人主张改革汉字

可是有人看到了另外一种情况，并且拿来跟上面的情况做比较，引起了种种疑问，提出了种种建议。远在宋朝，就有一个叫邓肃的人说过：“外国之巧，在文书简，故速；中国之患，在文书繁，故迟。”[①]明朝耶稣会传教士来华，开始用拉丁字母拼写汉

① 见周有光《汉字改革概论》，引汤金铭《传音快字书后》。

字，明末学者方以智受它的启发，也有“如远西因事乃合音，因音而成字”的想法。到了清朝末年，中国人接触外国事物更多了，于是兴起了一种切音字运动，卢戆章、蔡锡勇、沈学、朱文熊、王照、劳乃宣等是它的代表人物。他们的时代是中国经历了两千年封建统治，又遭受了半个世纪的帝国主义侵略，国家越来越衰弱，人民越来越困苦，改良主义的维新运动和旧民主主义的革命运动正在先后出现的时代。爱国主义唤起人们对西方资本主义国家的情况的注意，从海陆军备而工商实业，而科学技术，而文化教育，认识逐步深入。其中就有人看到西方强国的语文体制跟中国大不相同。他们比较中西语言文字，发现中国有三难，西方国家有三易。中国的三难是：写文章难；认字写字难；不同地区的人说话难。西方国家的三易是：写文章容易，因为基本上是写话；认字写字容易，因为只有二三十个字母；不同地区的人说话容易，因为有通行全国的口语。于是他们提出切音字的主张，认为这是开民智、兴科学的关键。最早的切音字运动者卢戆章的话可以代表他们的想法，他说：“窃谓国之富强，基于格致。格致之兴，基于男妇老幼皆好学识理。其所以能好学识理者，基于切音为字，则字母与切法习完，凡字无师能自读；基于字话一律，则读于口遂即达于心；又基于字画简易，则易于习认，亦即易于捉笔。省费十余载之光阴，将此光阴专攻于算学、格致、化学以及种种之实学，何患国不富强也哉!”

这些切音字运动者，有的只是提出一个方案，做了一些宣传，有的也曾开班传授，取得一些成绩，但是总的说来，他们的成就是很有限的。这主要是因为受当时政治形势的限制：像这种以人民大众的利益为指归的语文改革，在人民自己取得政权以前是很难完全实现的。其次，他们对于语文改革的整个内容，以及各个部分之间的关系，或者认识不足，或者虽有认识，可是顾虑重重，不敢冲破障碍，提倡彻底改革。语文改革实际上包含三个内容：用白话文代替文言，用拼音字代替汉字，推行一种普通话。三者互相关联，而彼此倚赖的情况不尽相同。改用白话文，不一定要用拼音字，也不需要拿普通话的普及做前提，因为有流传的白话作品做范本。推行普通话必须有拼音的工具，但是不一定要推翻文言，可以容许言文不一致的情况继续存在。唯有改用拼音字这件事，却非同时推行普通话和采用白话文不可。否则拼写的是地区性的话，一种著作得有多种版本；另一方面，如果不动摇文言的统治地位，则拼音文字始终只能派低级用场，例如让不识汉字的人写写家信、记记零用账。这样，拼音字对于汉字就不能取而代之，而只能给它做注音的工具。大多数切音字运动者恰好是基本上采取了这样一条路线，也就只能收到那么一点效果。二十多年切音字运动的总结是 1913 年制定、1918 年公布的一套“注音字母”。

从那时候到现在，半个多世纪过去了。这期间的变化可大了。白话文已经取得全面的胜利，普通话的使用范围已经大大地扩大了，汉语拼音方案的公布也已经给拼音文字打下了可靠的基础，虽然直到目前为止，它的主要任务还是给汉字注音。

## 拼音文字的优点超过缺点

为什么现在还不到全面采用拼音文字的时候呢？很显然是因为有些条件还没有具备：拼音的习惯还没有普及，普通话通行的范围还不够广大，拼音文字的正字法还有些问题没有解决，如此等等。这些都是要经过一段时间的努力才能够解决的。另一方面，大家的认识还没有完全一致，这也是事实。大致说来，对于拼音文字有三种态度。一种态度是赞成改用拼音文字，有的人还特别热心，恨不得立刻就实行。另一种态度是一方面承认拼音文字在某些方面胜过汉字（例如容易认，容易检索），一方面又觉得在某些方面不如汉字（例如不能区别同音字），疑虑重重，不知道拼音文字究竟能否代替汉字。第三种态度是不赞成拼音文字，或者认为行不通，或者认为没有必要，或者认为不利于继承文化遗产。现在不妨把赞成的和反对的两方面的理由拿来研究一番。

(1) 汉字难学（难认，难写，容易写错），拼音字好学（好认，好写，比较不容易写错），这是大家都承认的。有一种意见，认为拼音不能区别同音字，老要看上下文，带认带猜，汉字能区别同音字，学起来虽然难些，可以一劳永逸，还是值得的。

这是知其一不知其二。拼音文字绝不能像汉字的写法，一个个音节分开，一定要分词连写。先学汉字后学拼音的人，总是要在脑子里把拼音字还原成汉字，就觉得它不够明确；一起头就学拼音文字的人，学一个词是一个词，并不会感觉不明确。当然，有混淆可能的同音词仍然需要区别，也是可以想法子区别的。汉字能区别同音字，在阅读的时候的确是一种便利。可是文字的使用有读和写两个方面。写的时候要在许多同音字里边挑一个，这就成为一种负担了。写错别字不是一直都是语文教学当中最头疼的问题吗？这是汉字的先天毛病，一天使用汉字，这毛病就一天不得断根。而且一个别字为什么是别字，有时候也叫人想不通，如果你用无成见的眼光去看问题，像六七岁的孩子那样。我家里有个六岁的孩子，学过的汉字不多，有一天写了四个字让我看，是“天下地一”。我告诉他“地”字错了，该写“第”。他问我为什么不可以写“地”，我倒给他问住了。是啊，为什么“地”不能兼任“第”的职务呢？“地一个”，“地二个”，“地一千零一个”，在什么上下文里有误会的可能呢？要说不让“地”字兼差吧，为什么“轻轻地”、“慢慢地”里边可以写“地”呢？这可是连读音也不一样啊！怎么能怪孩子们想不通呢？

（2）汉字不跟实际语言保持固定的语音联系。“学而时习之”，孔夫子说起来是某五个字音，现代的曲阜人说起来是另五个字音，北京人、上海人、广州人说起来又各自是各自的字音。这就是说，汉字是跟抽象的汉语相联系的，具有一种超时间、超空间的性质。反对拼音文字的人认为这是汉字的优点，改用拼音文字就得不到这种便利，各地方的人就会按照自己的方音来拼写，别的地方的人就看不懂，现在的人写的文章几百年之后的人也要看不懂。至于只会拼音文字的人将要完全不能看古书，因而不能继承文化遗产，那就更不用说了。

这个话有一定的道理，可是说这个话的人对于汉语文的目前使用情况还没有足够的认识。在从前，写文章得用文言，文言既不能按某一个地方的读音来拼写（别处的人念不懂），更不能按古音来拼写（各地方的人全念不下来），除了用汉字，没有别的办法。现在有了普通话，拼音文字拼的是普通话，不会有各行其是的问题。不错，普通话还没有普及，可是拼音文字也不是光有一张字母表和几条拼写规则，还要有课本，有词典，可以让不太熟悉普通话的人有个学习的工具。这样，不但是普通话没有普及不妨害使用拼音文字，而且使用拼音文字还可以促进普通话的普及。几百年以后要不要修改拼法，那是几百年以后的事情，就是修改，也没有什么了不得。至于读古书的问题，现在也不是不经过特殊学习就能读古书，将来也无非把学习的时间延长一点儿罢了。而况无论现在还是将来，读古书总是比较少数的人的事情，古书的精华总是要翻译成现代话的。

总之，汉字、文言、方言是互相配合、相辅相成的一套工具，拼音字、白话文、普通话也是互相配合、相辅相成的一套工具。前者在中国人民的历史上有过丰功伟绩，这是不容埋没的，但是事物有发展，形势有变化，既然后者更能适应当前的需要，让前者功成身退有什么不好呢？

（3）现代的工农业生产、交通运输、科学技术，无不要求高效率，要求又快又准确。而一切部门的工作里边都包含一部分文字工作，要是文字工作的效率提不高，就要拖后腿。在这件事情上，汉字和拼音文字的高低是显而易见的。拼音文字的单位是字母，数目少，有固定的次序，容易机械化；汉字的单位是字，数目多，没有固定的次序，难于机械化。字母打字比汉字打字快，打字排版比手工排版快，拼音电报比四码电报快，用拼音字编的词典、索引、名单比用汉字编的查起来快，还有一些新技术，像利用穿孔卡片分类、排顺序、做统计，利用电子计算机查文献、做翻译等等，更加是很难甚至不可能用汉字进行的。

（4）现在世界上各种文字都是拼音的，只有汉字是例外，因而在我国和外国的文化交流上是一个不大不小的障碍。我们需要翻译外国的科学、技术和其他资料，如果用拼音文字，人名、地名可以转写，许多国际通用的术语也可以不翻译。现在用汉字，全得翻译，于是译名统一成为很严重的问题。而且人名、地名用汉字译音，既不准确，又难记忆。科技术语用意译法，对于理解和记忆是有些帮助，可是从事科学技术工作的人，除了一套汉文术语外，还免不了要记住一套国际术语，成了双重负担，对于我国科学技术的发展也不无影响。又如现在有很多外国朋友，为了更好地了解我国文化，吸收我国科学技术成果，很想学汉语，可是对汉字望而生畏。外国留学生都说，汉语学起来不难，他们的时间一半以上花在汉字的学习上。

总起来看，在目前的情况下，拼音文字的优点（也就是汉字的缺点）大大超过它的缺点（也就是汉字的优点），而这些缺点是有法子补救的。如果由于改用拼音文字而能把中小学的学制缩短一年，或者把学生的水平提高一级，如果由于改用拼音文字而能把文字工作的效率提高一倍到三倍——这些都是很保守的估计——那么，光凭这两项就很值得了。

## 为拼音化积极准备条件

自然，在实行拼音文字以前，还有许多研究和实验的工作要做，需要积极地做起来；坐下来等待，拼音文字是不会自己到来的。那么，现在可以做些什么工作呢？一个工作，可以办些拼音报刊，编写些拼音读物，特别是儿童读物，包括连环画报。现在有些小学生学拼音的成绩很好，可是缺少拼音读物，英雄无用武之地。另一方面，拼音文字在正字法方面和词汇规范方面都还存在一些问题，通过编写拼音书刊可以发现问题，解决问题。其次，可以试试在一般书刊上就一定项目试用拼音代替汉字，例如叹词和象声词。又如外国人名地名，用汉语拼音写，可以从中总结用汉语拼音转写外语的规则。此外还可以多方面扩大汉语拼音的用途，如电报，科技和生产部门的代号和缩写，盲字，教聋哑人“说话”，等等。

还有一项很重要的工作需要做，那就是思想工作。不但是对反对派要做耐心细致的说服工作，还要努力争取中间派，消除他们的种种顾虑。有不少人，你要问他对拼音文字的意见，他说：“我承认拼音文字比汉字好，可就是如果改用拼音文字，我就要变文盲。”这种想法是可以理解的。一个人换个工作单位还要左考虑右考虑呢，何况换一种新的文字工具。可以告诉他，改用拼音文字绝不是一个早晨的事情，要有一个过渡时期，即两种文字同时并用的时期，他可能会遇到一些小小的不方便，但是变文盲是不会的。

## 简化汉字只是治标

最后，谈谈简化字。汉字简化是一件好事情。一部分汉字笔画多，形体复杂，写起来麻烦，在群众的笔底下早就纷纷简化了。可是有些字你简你的，我简我的，互不相识，造成混乱，这就不好了。自从 1956 年公布经过审定的简化字表并分批推行以来，混乱的情况基本上消灭了。是不是所有需要简化的字都已经简化了呢？没有。有些需要简化的字，像新疆的“疆”、西藏的“藏”，因为一时不能确定最好的简化形式，暂时放一放；有些久已在群众中间广泛流行，像“算”简化为“祘”，“赛”简化为“宻”，因为一时疏忽，没有列入字表。需要补充简化的字还有相当数目，但是不会还有很多很多了。

有些同志对汉字简化有一种片面的想法，认为简化的字越多越好，笔画越少越好，不但是十笔以上的字全得简成十笔以下，就是原来已在十笔以下的字也要减它一笔两笔。这种想法之所以是片面的，因为只看到文字需要简易，忘了文字也需要清晰，还需要稳定。如果把所有的字都简成十笔以下，势必多数字集中在五笔到十笔，很多字的形象都差不多，辨认起来就费劲了，错认的机会就增多了。更重要的是文字需要相对稳定。1956 年以后印的书刊数量很大，如果现在再来一大批简化字，就要相应地产生一大批“新繁体字”，今后的青少年念起那些书来就有一定的困难了。或者让他们学习那些新繁体字，那是浪费人力；或者选一部分书改排重印，那是浪费物力。以后再简化一批，就又产生一批“新新繁体字”，这样折腾下去，什么时候能够稳定下来呢？不断简化论的不足取，道理就在这里。

简化汉字的主要目的是让写字能够快些。写字要快，本来有两条路：可以减少笔画，也可以运用连笔，就是写行书。光是减少笔画，如果还是每一笔都一起一落，也还是快不了多少。事实上我们写字总是带点行书味道的，但是没有经过正规学习，有时候“行”得莫名其妙。是不是可以在学校里教教学生写行书，让大家有个共同的规范，可以互相认识？这里又遇到一个框框，那就是“要使印刷体和手写体一致”。从这个原则出发，就得互相迁就，一方面在简化汉字上搞“草书楷化”，一方面在学校里只教楷书，不教行书。为什么别种文字一般都是既有印刷体又有手写体，大致相似而不完全相同呢？这是因为要求不同，印刷体要求容易分辨，所以有棱有角；手写体要求写起来快，所以连绵不断。如果我们允许手写体和印刷体可以在不失去联系的条件下不完全一致，那么，有些简化字本来是可以不去简化它的。例如“鱼”字的底下，如果书上印成四点，笔底下写成一横，似乎也不会出什么问题。

说来说去，简化汉字只能是一种治标的办法。不管怎样简化，改变不了汉字的本质，仍然是以字为单位，字数以千计，无固定的次序，不能承担现代化文字工具的重任。有些人想在简化汉字上打主意，把字形简到不能再简，把字数减到不能再减，用来代替拼音文字，这恐怕是徒劳的。要真正解决问题还是得搞拼音文字。

# 未晚斋杂览

# 序

吕叔湘

收在这本小书里的七篇文章都曾经在《读书》上发表过。

这些类似读书札记的文章在《读书》上发表的时候，用了一个栏目，叫做《未晚斋杂览》。“未晚”者，已晚也。旧时训诂学里有“反训”这么一个项目，现在也还有训诂学家热心研究。我这个算不算“反训”，我不知道，反正我是怀着“已经晚了”的心情选择“未晚”作为斋名的。正如一个人黑夜独行，嘴里说“不怕！不怕!”其实心里是害怕的。

回想年轻的时候念过几年外国书，正在想在教书的空隙学着写些介绍外国作家和作品的时候，忽然改了行，钻起本国语言来。从此顺流而下，要回也回不来了。直到年过八十，本职工作已经放下，又遇到《读书》的编者来约稿，这才有重拾旧欢的妄想。等到拿起笔来试试，才发现只能做个传声筒，既不能有所发挥，更谈不上有所发现。但是既然开了个头，也就准备陆陆续续写下去，准备一年写三四篇，三四年之后凑合着印成一本小书。没想到五年过去了，还只写得八篇。而老态日增，写文章越来越艰难，只好就此打住。仍然把已经写得的汇成一集，尽管小而又小，也顾不得了。记其经过，作为小序。

1991.4.10

# 1. 霭理斯论塔布及其他

这一篇杂览原来题为《霭理斯的被忘却的一面》。为什么取这么个题目呢？因为几年前他的《性心理学》中文译本新版问世之后，有那么短短的一个时期几乎是"满城争说霭理斯"。其实霭理斯不仅仅是一位性心理的研究者，他也是一位思想家、评论家，从19世纪末年到二次大战前夕，写了不少评论思想、生活和历史人物的文章。在中国，周作人在文章里引用过他的一段话，可是似乎没有人对他做过专门介绍。于是大家只知道他是性心理学专家，连十五版的《不列颠百科全书》里也只着重谈他这方面的著作，说是当其中的第一本即《性的颠倒》1897年出版时被控告，法官判为借科学之名出售肮脏东西，因而其后的六本都是在美国出版的。至于他的各种评论文章则一笔带过。

近来得到一本他的论文选集，共收文章十五篇，短篇随笔几十篇，是《人人丛书》的第九三〇种。据书的护封上的说明，这些文章是他亲自选的。书是 1936 年出版的，他自己在 1939 年 7 月 8 日去世，没有赶上听到希特勒的飞机轰炸波兰的消息，这是他的幸运。

我原来的打算是在这十五篇文章里边挑那么三四篇或者两三篇，撮要介绍。我首先看中的是十五篇里边最后的一篇，《塔布的作用》，于是就着手撮译，可是因为这篇文章讲得顺理成章，很不容易压缩，不知不觉的占用了很多篇幅，不可能再介绍别的文章了。只能在末了的几十段随笔里挑选几篇能反映他的思想境界的，作为补充。于是把题目也改了。

《塔布的作用》这篇文章之妙在于剥去“塔布”的神秘色彩。“塔布”只是“这件事做不得”的意思，每个社会都有它的塔布，并且非有不可，但是塔布不是一成不变，是慢慢的在那儿变动的。这篇文章非常通情达理，最好全译出来，可是登在《读书》上就太长了，只能撮叙兼节译。

塔布之所以显得神秘，是因为人们不知道为什么会有这种禁忌，于是胡乱编造理由。比如有的鸟见人就飞走，并不是生性如此。当人们初次进入南太平洋无人居住的岛上时，那儿的鸟是不把人当塔布的。后来人们滥行捕捉，于是人便成了那些岛上的鸟类的塔布了。未必那些鸟类都知道为什么见人就得飞远些；它们如果有了像人类所有的那种会胡思乱想的脑筋，它们也会编出种种不相干的理由来。

人类的塔布也是为了适应环境的一种传统。在不列颠群岛，男人女人赤身露体在外面行走是塔布。可是并非一直这么严格。17 世纪中，在爱尔兰的某些地方，上等人家的妇女也可以不穿衣服在街上行走，这有 Fynes Moryon 的书为证；同一时期，甚至在伦敦的大街上，有时候也有满不在乎的人光着脊梁露着腿在街上走，这有 Pepys 的日记为证。看来这个塔布现在又有点儿在开始动摇了。塔布这东西是常常会在“许”和“不许”之间的门坎儿上来回摇晃的。

有些头脑简单的人说历史遗留下来古董，咱们完全有本事把它们扔了。稍微想一想就会明白，它们是如此之多并且如此深入人心，你要随意把它们一脚踢开，你会感到极大的不便，甚至社会解体。比如说，私有财产这东西，从新石器时代甚至更早就是人类社会的一个重要因素，可是如果没有不许偷别人的东西这个塔布，私有财产还能存在吗？法律和警察可以跟破坏这个塔布的人做斗争，可是他们的力量有限；没有这个塔布，他们完全束手无策，咱们每个人每天都有偷窃的机会，他们管得过来吗？

生活的成为可能，因为我们知道，不管我们走到哪儿，我们遇到的人绝大多数是受制于几乎出于本能的一个塔布网。我们知道，他们为自己保留什么自由、什么权利，一定也给予我们同样的自由、同样的权利。如果我们排队等上车，我们知道不会有人插到我的前边去；如果我们把手提包放在一个座位上，我们知道不会有人把它扔在一边，自己坐下；如果他们需要大便或小便，他们不会当着我们的面这样做。不需要什么法律或规定——即使有这种东西——来制止他们。几乎近似本能的塔布不允许他们这样做。

一个新的塔布的兴起可以拿人们对于酗酒的态度的变化做例子。在上等社会里，酗酒作为一种显明的社会现象，在19世纪初年消失了。在18世纪，像皮特这样的大政治家也居然会走到议长席的后面去把酗酒的结果呕吐一番；绅士阶层的人们进餐，在女士们退席之后，先生们会尽情地喝，喝得醉倒在桌子底下。平民阶层的改变要晚些，可是谁要是还记得五十年前的伦敦的话，准能拿街头巷尾当时常见而现在罕见的醉人做个比较。这也反映在公安局里被处罚的记录里；拿1928年跟1905年比较，二十三年之中受处罚的人数下降百分之七十三。现在的年轻人跟他们的父辈的处境不同了，他们不需要到小酒店里去消磨时光。他换上一套漂亮的衣服，换上一双锃亮的皮鞋，陪他的女朋友上电影院、跳舞厅或者别的什么娱乐场所；她穿着入时，他也不能落后呀。现在的年轻人跟上一代人不一样了，他有了足够的自尊心，觉得让人看见他醉醺醺很不光彩。换句话说，一个新的塔布诞生了。

我们今天的社会的整个趋势是增加和加强那些让个人在文明环境之中的自由活动。都市生活带来的种种集体活动，都是为了方便大家而不是为了方便个人。要享受这些好处就要求有一系列塔布，或者自然形成，或者经过一番努力。只有这样，种种文化设施，图书馆、博物馆、音乐厅、电影院、公园、草地、喷水池，才能大家享受。那些不能自觉遵守这些塔布的人是与社会为敌的个人，把这些人撵走是对大家有益的。因为虽然有些塔布已经变成成文的法规，可是不可能有那么庞大的执法队伍来执行，如果没有整个社会的遵守塔布的习惯做后盾。

认识了遵守塔布这种习惯的永久性以及新的塔布的不断产生，就能让我们冷静地对待那些过时的塔布的消失。这个过程是不断地在那儿进行，近年来似乎更加迅速。这些变化是一个现实，不管你喜欢不喜欢，你不得不接受。

跟妇女有关的一系列变化，——最最引起人们大声疾呼的非议的那些塔布崩溃——只是一个单一的运动的结果，那就是使妇女成为男人的平等的伴侣。按中世纪的理论，妇女或者在男人之上，或者在男人之下；Eileen Power 女士说得好，女人是两面人：她的一面是圣玛利，耶稣的母亲，人们的救主，另外的一面是夏娃，男人的诱惑者，他的一切灾难的根子。到了 19 世纪，这理论已经是个空壳子，然而还有一定的势力，尽管新的观念已经在那里蠢动，就要破壳而出。

按照这新的观念，她不再是天使兼魔鬼，她是跟男人有同样社会地位的伴侣，无论是在工作上还是在交往上，也许甚至在性的交往上。

两性的交往使得关于两性的知识，也就是性教育，成为必要。然而道路是曲折的。最初的缺口是从性病上打开。在我们年轻的时候，梅毒这个字眼是不能随便说出口的。关于性病的忌讳随着“公共卫生”这个有组织的运动的展开而逐渐开禁。经过这样的曲折的道路终于到达某种“性教育”的概念。可是很明显，如果把性教育仅仅理解为涉及性病预防的知识，那是非常不够并且难免有时候引起不良后果的。这样才逐渐出现更加全面的性教育的问题。现在各国都已经或多或少系统地进行性的教育。在苏联，有些地方已经进行得非常彻底，借助电影表明性生活各个方面。德国早就是性科学的中心，也大量利用电影。即使是在最保守、清教徒色彩最浓厚的国家，一般也都承认关于两性的知识有进行教育的需要，在有些地方小心谨慎地进行，虽然它的意义还没有得到广泛的承认。

然而单单这方面的革新就表示了塔布的威力的巨大变化。直到最近，文明世界里所有塔布之中没有比讳言与性有关的塔布更强有力的了。它的所以如此顽强是因为它是文明人从野蛮祖先传下来的塔布之一，并且在传递的过程中得到了加强。在《圣经》的前几卷里，“脚”并不是我们所理解的那一部分身体，而且直到我的童年时代，人家还告诉我在美国是不许说“腿”，要用“肢”来代替的呢。可是不要以为这个塔布现在已经彻底摧毁。没有这么容易。很多人已经心里不信服，可是在行动上依然如故，也就是说本能地觉得肮脏，因而不愿意把这方面的事情说给孩子们。只有做父母的不仅仅是已经理智上信服，并且已经经过宗教家称之为“心之改变”那样的变化，才能把这件事做好。而这种“心之改变”是只有在幼年就发生才能真正有用。因而即使在今天也还是让下一代走上一代的老路，那个恶性循环是依然如故。然而毫无疑问，事情在慢慢地变化。科学和文艺都在发挥作用。

生活。我们今天所过的生活，跟以往的生活比起来，是更加高度社会化了，更加“标准化”了。世界变小了，人变多了，大家挤挤碰碰的机会更多了，我们不得不采取各种措施来避免摩擦，使我们能在异常狭小的范围之内容许最大限度的互不干扰。旧的、传统的社会塔布已经过时了，不适用了，新的法律、新的条例正在被发疯似的制定和颁布，一点也不认识这样一个事实：旧的塔布只能用新的塔布来替代，一切由官员或警察来执行（或不执行）的法律、条例必须变成塔布，印在每个公民的心上，流在每个公民的血管里。可是如果要它们具有塔布的性质，就必得为数不多，其价值无可争辩，其急迫近于本能。没有社会能够依靠任何别种办法健康地生存。政府立法机关，如果它们不认识自己的任务只是记录并支持这些塔布的成长与衰歇，就起不了作用。

性的塔布居于这一过程的中心，不仅因为凑巧性是近年变化异常快的一个区域，同时也因为它是异常重要的一个区域——因而它成为一般社会活动的训练场——然而又是一个其中的大多数精要部分不接受外来的直接控制的区域，因而它的塔布不得不，至少是首先，由个人自己建立和维持。

近些年来，这个真理的一半，破坏性的一半，已经被广泛地认识。也就是说，人们认识到，许多从前强加于年轻人的家庭教训和社会限制都已经过时了，不适合现代情况了。许多人发现这一事实，惊喜若狂，一跃而得出结论，说是一种“随心所欲”的政策从此成为合理又合法的了。正如A.赫胥黎在一篇令人深思的文章里所说，用廉价的放荡来反抗“维多利亚式”的岸然道貌，常常是“拿19世纪的坏面貌去换取18世纪的坏面貌”；他尖锐地指出，这是抛弃清教徒式的性抑制以换取跟清教徒式同样充满仇恨和鄙视的另一种抑制，其手段是“使人麻天木地、乱七八糟地放纵”。

在现在的情况下，旧的放纵跟旧的塔布同样的不对路。在旧的情况下，生活是一种克制，这种克制基本上是由外面施加的，因此一旦发现那些禁忌已经不起作用，那种克制也就随之动摇。可是生活永远是一种克制，不但是在人类，在其他动物也是如此；生活是这样危险，只有屈服于某种克制才能有真正意义的生活。取消旧的、外加的塔布所施加于我们的克制必然要求我们创造一种由内在的、自加的塔布构成的新的克制来代替。这实在是落在所有今天的年轻人身上的任务。有些人看见旧的塔布在一个个消失，就以为今后的生活将是轻松而愉快，殊不知他们将面对许多他们的祖父祖母从来没遇到过的困难。这意味着创造新的自觉自愿的塔布，一种缓慢的自我成长和自我负责，这不仅本身是一种继续不断的自我克制，而且有跟以同样的真诚从事于相同的任务的别人互相冲突的危险。因为虽然我们还是沿用“道德”这个名称，可是既然把对道德的认识交在个人的手里，就不会对所有的人都完完全全相同。当然，由于我们属于同一个社会，所有的人的道德观必然脱胎于一个共同的模式；但是既然涉及到个人的认识，那就比从外面加在我们身上的完全一模一样的塔布有所不同，要求有更多的互相理解和互相忍耐。

霭理斯对塔布的见解介绍如上，试用中国情况来比较。塔布相当于中国“礼俗”的消极的一面。见于典籍，主要通行于士大夫阶层的是“礼”，不见于经传而流行于民间的是“习俗”。但是二者也互相渗透，连皇帝家里也有“礼”有“俗”。礼和俗都有积极和消极两个方面，就是应该做什么和如何做，不应该做什么或如何做，后者就是塔布。礼俗之外还涉及迷信。比如我们小时候，吃饭而偶有米粒儿掉在地下，大人必得让我们从地下捡起来吃掉（不讲卫生!)，理由是糟蹋粮食要挨天雷打。后来进了中学当住宿生，才在食堂的墙上看见赫然大字“一粥一饭当思来处不易”的格言。如果有哪位或哪些位学者把中国各民族的古今礼俗、迷信及其消长详细记录，并从社会学的角度加以分析，并且跟国外广大的“文明的”和“不文明的”民族的风俗习惯相比较，那一定会是一部既有科学价值又有教育意义的著作。可是千万不要使用“猎奇”的手法。

关于塔布的话到此为止，下面摘录几篇随笔。霭理斯的随笔采取日记的形式，结集成书则以《印象和感想》为书名，共有三册，分别出版于1914年，1921年，1924年。

## 印象和感想

4月10日（1913）。我有时候觉得很奇怪，人们常常认为，如果一个人不能赞同他们的意见，那就一定是反对这种意见。我想起几年前，弗洛伊德在给我的信里说，要是他能够克服我对他的理论的敌对态度，他将感到莫大的愉快。我赶快回他的信，我对他的理论并不持敌对态度，虽然他的理论不是所有细节都能为我所赞同。如果我看见一个人在一条危险的山路上往前奔，而我不能一直跟在他后头，这并不表示我反对他。相反，我可能唤起人们对这位探险者的注意，我可能赞赏他的勇气和技巧，甚至欢呼他的努力取得成果，至少是赞赏他的伟大的理想。总之，我跟他不是意见一致，但是我不反对他。

一个人为什么要敌视别人呢？敌视是多么无聊啊！敌视是一

把利剑，谁拿起它来，它就刺伤谁的手。握剑的人死在剑下，这是耶稣的教导，可是他自己一直记不住。这位谴责大师狠狠地，不顾一切地，用言语作利剑，谴责“文士”和“法利赛人”，以致后世把这两个名词当作伪君子的同义词。然而耶稣的教会却变成古往今来的文士和法利赛人的最大的产生地，直到今天他们还构成它的坚强堡垒。再看路德。天主教正在那儿一点儿一点儿死去，轻柔地，甚至可以说是雅静地。忽然来了这么个五大三粗的庄稼汉，浑身力气没处使，对着那垂死的教会拳打脚踢，把它打醒了，把它踢出精神来了，延长它的生命一千年。那个志在消灭天主教的人却成了天主教有史以来的最大的恩人。

世界上的事情老是这样阴差阳错。我们的朋友也许是坏我们大事的人，而最后反而是我们的敌人搭救了我们。

3 月 30 日（1916）。一位女士给我看一封很不像话的信，是一位我原来以为是个彬彬有礼的人写给她的。这位先生为自己辩护，说是常言道：“对于洁净的人，一切都是洁净的。”这也许不是罕见的经验。

“对于洁净的人，一切都是洁净的。”这也许是真理。可是我有时候悔恨圣保罗当初没有把这个危险的真理用另一个方式表达："对于肮脏的人，一切都是肮脏的。"

海洋以它的广大胸怀接纳许许多多垃圾，在太阳和风的大力作用和海水的盐性消毒作用之下，一切都转化成有用的美好而使人振奋的臭氧。可是有些狭隘的、关闭的心胸，不是像海洋而是像阴沟。我反对那些阴沟冒充具有只有大海才具有的美德。

11 月 30 日（1916）。听说 H.马克沁爵士死了。这条新闻唤起我对这位名人的唯一的印象，是他给了我们所有致命的武器之中最最致命的武器，这种武器正在毁灭欧洲的居民。

三十多年以前的一天，我们站在马克沁周围听他解说他的枪的机构，看他表演它的惊人的性能。我现在还似乎看见那常常显示有发明的天才的人的温和的、天真的神情，还似乎看见那谦虚然而得意的微笑，当他轻巧地、抚爱地盘弄他那美丽的玩具的时候。我们正在观看的时候，我们之中有一位若有所思地问他："这东西不是要把打仗弄得更可怕吗?"马克沁很有信心地回答："不会！它将使战争成为不可能!"

千万年以来的梦想者们，天才的赤子们，一直在人们的耳朵边悄悄地灌输那骗人的幻想：如果你要和平，你就得为打仗做好准备。连铜器时代开始时第一个想到把短刀拉长成为宝剑的天才发明家也一定相信他已经使战争成为不可能。

11 月 14 日（1922）。“像鸵鸟一样把脑袋钻进沙堆里”，好像再没有比这个比喻更常常被人们用来互相嘲笑了。谁有兴趣翻翻近二三百年的通俗杂志之类的东西，准会不一会儿就看见这个比喻，就像每隔几分钟就听见教堂里响起丧钟一样。

我们差不多不用思索就会知道鸵鸟不会干这种蠢事。为了弄清楚这一点，我特地问过我的一位恰巧是研究鸵鸟生活习性的权威的朋友——因为在他的著作里他简直不屑一提这个迷信——他告诉我，鸵鸟是有一种容易引起这种迷信的举动，那就是把它的脑袋往下一耷拉，避免引起注意。只有人才是唯一把脑袋钻进沙堆、闭上眼睛、装作没看见周围事实的两只脚的动物。没有一种鸟敢这样做。世界没有为它们提供如此生存的条件。就是人类也没有胆量敢这样做，如果不是他在早先就给他自己建造起一堵保护他的大墙，可以容他躲在里边胡思乱想而不受到惩罚。

## 2. 赫胥黎和救世军

多年以前，我曾经为了对勘严又陵的《天演论》译文，买了《赫胥黎文集》第九卷，那里边的《演化和伦理》两讲是《天演论》的原本，此外还有好些别的文章。我的对勘工作没有什么收获，因为严老先生的译文是名副其实的“达旨”。可是同一卷里边我却发现了一宗极有意思的文献——赫胥黎为了救世军的事情写给《泰晤士报》的十二封信。

救世军是威廉·布斯（W.Booth，1829—1912）创建的。1865年他在东伦敦贫民区创建了一个宗教—慈善团体，名为“基督教团”，1878年改名为“救世军”，采取军事组织的形式，下级服从上级，全军服从总司令，布斯自任总司令，名为“将军”。将军任职终身，继承人由他指定。从这个时候起，救世军布道的时候奏军乐。1880年规定军官制服，发行《战地呼声》周报。布斯在

1890 年出版了一本书，叫做《最最黑暗的英格兰及其出路》，陈说英国贫民如何困苦愚昧，救世军将如何在精神上和物质上予以拯救，号召各界人士捐款赞助。

赫胥黎的第一封信于 1890 年 12 月 1 日见报。他说，他有一个朋友准备捐助一大笔钱给救世军，委托他相机处理。因此，赫胥黎仔细研究了布斯的书，甚为怀疑，然而怕自己考虑不周，所以在回答他的朋友以前，把他的感想在报上公开，听听大家的意见。他把布斯的主要论点归纳为三点。（以下行文用赫胥黎的口气，但不加引号，因为只是撮叙，不是翻译。——笔者）

（一）布斯先生认为改造愚民的唯一途径是通过某种热烈的基督教义，它的积极传布者是救世军。这意味着激发人们的宗教情绪是彻底改造人类行为的可靠方法。我不同意这种看法。我觉得，历史的事实以及我们对所见所闻的冷静观察都不支持这种看法。

（二）传布和维持这种神圣狂热的有效工具是救世军——一群信徒，训练成一个军事组织，有为数众多的一层一层的军官，全都宣誓无条件的服从“将军”。“我的一个电报就把任何一个军官送到天南海北的任何一个地方”；“每一个参加组织的人都明白承认一个条件：他必得服从总部的命令，不得提疑问，不得反对。”

这个原则我看是无可争议的。圣芳济和罗耀拉都是应用这个原则进行他们的伟大试验的。布斯不要求他的信徒发誓，我很佩服他对于人性的洞察。一个出于自愿的奴隶抵得上十个发过誓的仆从。

（三）救世军建立以来获得了巨大的成功。现在有九千四百一十六个完全出勤的军官，有七十五万镑存款，有同样数目的年收入，在本国有一千三百七十五个军官队，在殖民地和外国有一千四百九十九个军官队。这证明救世军的事业得到圣灵的赞许。在这一点上我同兴高采烈的“将军”有不同意见。他一心一意创建新军，使他无暇了解在他之前的同类尝试。在我看来，他的成就比起圣芳济、罗耀拉、福克斯，乃至当代的摩门教，不见得更大。这些个伟大运动的教义基础各各不同，因而我很难相信它们全都得到上苍的同样保佑；尤其是鉴于布斯先生的成就还赶不上它们，更难证明他获得特殊的恩宠。

已往那些试验的结果如何呢？圣芳济要求他的信徒摒弃一切财物，可是在他于1226年去世三十年之后，以他亲自指定的继承人伊利亚斯为首的圣芳济会已经成为基督教世界中最有钱最有势最世俗的团体之一，染指于任何社会的、政治的腐败事务，只要有利于他们的教团；他们的主要努力是对付他们的对手圣多明尼会和迫害自己教团内部遵行创造人教导的弟兄们。罗耀拉创建耶稣会，为反对教皇统治的人们的希望所在有二百年，可是他们后来有钱有势了，不免滥用他们财富和势力，参与政治阴谋。有鉴于这样的先例，谁能保证救世军不走上同样的道路呢？创始人的高贵品德和良好愿望是不足以作为判断事业的未来走向的依据的；假如可以作为判断的依据，那么，对不起，布斯先生是比不上圣芳济的。可是连圣芳济也还缺少知人之明，以至于指定伊利亚斯那样有野心的阴谋家做他的副手和继承人，我们又有什么根据认为布斯先生必然能够洞察未来呢？

布斯先生指摘某些慈善事业是有五分利却有十分害。很抱歉，我不得不说，照我看来这正好适用于布斯先生自己的规划。社会祸害莫大于无知和无节制的宗教狂热；损害良知良能的习惯莫大于盲目的、毫不迟疑地服从无限制的权威。饥寒淫乱是祸害，但是比这些更大的祸害是让全体人民的智能受制于有组织的狂热；是眼看一个国家的政治和经济听命于一个立志传布他的狂热的君王；是坐视本来应该对自己的国家的命运负责的人们堕落为无知的工具，听从一个主子的任意使唤。

目前许多善良的人捐助大量金钱给这一类团体。可是除非有明显的证据证明我对这种团体的认识是错误的，我不会让一千镑钱经我的手送到那种团体去。

赫胥黎的第二封信是对布斯的《最黑暗的英格兰》的进一步评论：指出布斯对古今救济事业的无知，批评布斯的一切救济都以皈依救世军的信仰为前提，指摘他擅自施加刑罚——例如女子A“对我们的人诉说被人两次诱奸。我们找着那男人，跟踪他到乡间，以公开揭发威胁他，强迫他赔偿现款六十镑，以后每星期付生活费一镑，并投保金额为四百五十镑的人身保险，以A为受益人”（见原书222页）。总之，救世军的伦理学是成问题的，它的经济学是稀奇古怪的，它的法律观是法自我出，“这一切，”赫胥黎说，“我不喜欢，尽管它得到支持布斯的先生们的赞赏。”

赫胥黎的第三封信见报在第一封信的十天之后。头上说，自从第一封信发表之后，我收到了很多信，有反对的，有赞成的，我觉得最有价值的是有些信提供了一些情况，证明我在第一封信里说的这种团体早晚要堕落为排他狂的个人野心的机器，已经不幸而言中。在这些文件里边我只提出一种来介绍给《泰晤士报》的读者，那就是J.J.R.雷德斯通的《救世军的一个前上尉的经验》，书的前面有牧师肯宁罕·该克博士的序（所署日期为1888年4月5日）证明书里所说的情况真实可靠。我不能详细复述雷德斯通的书的内容，我只从该克博士的序里摘引四点。该克博士对救世军的早期的未腐化的工作备加揄扬，因而绝不能说他的话怀有宗派成见。

（一）救世军是地地道道的家天下。布斯老先生是将军，一个儿子是参谋长，其余的子女也都占据重要位置。该克博士说得好，“作为一个远播四方的宗派的头子带来很多好处——不限于精神方面。”

（二）一旦当上救世军的小军官，从此就成为必须奉命唯谨的奴隶。为了加入救世军，雷德斯通放弃了已经干了五年的职业。他在救世军的非常艰苦的位置上干了两年。他的唯一过失，用劳莱少校的话来说，是“太直”，也就是说，太像个真正的基督徒。然而，没有宣布罪状，仅仅依据秘密报告，他被开除了。

（三）雷德斯通在他的书里说，他们被总部派来的密探监视并打报告。该克博士从别的军官那儿得到证实。

（四）布斯拒绝保证给他的小军官一定量的工资，而他本人和他一家高级军官过的是舒服日子。可是救世军所取得的任何成绩全然来自那些小军官的努力。在前两封信里，我为了预测救世军的前途变化，曾经提到圣芳济等人，现在应该承认错误。那些中世纪大修道会的创始人是和所有徒众同甘共苦的，要求他们的徒众忍受的苦难，是自己首先忍受的。

12月20日的《泰晤士报》登出赫胥黎的第四封信。这封信的主要内容是介绍一本揭露救世军加拿大军团的情况。这本书的封面的最上方是书的全名《新教皇统治；或，救世军内幕》。著者署名：一个前军官。下面引圣经："不要将我父的殿当作买卖的地方"（《约翰福音》第二章第十六节）。出版日期：1889年。出版地点：多伦多。出版者：不列特奈尔。封面上还写有"这是奉救世军之命予以焚毁的书"字样。我要请读者注意，我在下面引用这本书里的话都只能视为"一面之词"，但是根据此书的内证以及从别处得来有关布斯宗门的材料，我认为这本书的内容是值得引述的。先看救世军初到加拿大的情况。

它声称它是现有的各教派的奴婢，以在群众中传布福音为宗旨。它毫无另组一个宗教团体的意图，它反对搜罗钱财、积聚财产的做法。它邀请并欢迎各派牧师来布道。它只有极少量的少校和上校，军长的权威是没有人听说过的。……它不挖别的教派的墙脚，它的信徒不是生拉硬拽来的。……可以说，救世军是各种宗教团体的助手和招募代理处。……群众纷纷参加救世军的集会，为了当地的慈善事业踊跃输将；因而各个队部都是自给自足的，它的军官们的生活是过得去的，虽然说不上豪华；各地的财源无匮乏之虞，一切财务都由一个本地人充当的秘书和救世军的军官共同管理，哪儿募集来的用在哪儿；各方互相信任，彼此都满意。（见该书4、5页）

再看看过了一个时期的情况。

整个系统起了变化。从一个以热诚和慈善为纽带的无私的群众集体发展成一个庞大的咄咄逼人的教派，受一套损害宗教自由的教条和规则的约束，对所有别的基督教派采取敌对态度，束手缚脚服从一个高高在上的首领和统治者。随着工作在全国范围内的开展，所有重要位置都先后为外来者所据有，他们对加拿大人民的喜怒哀乐一无所知，只是曾受训于以布斯家族某一成员为首的训练班，一切思想排除得一干二净，只有一条，那就是无条件服从将军，将军叫他上哪去上哪去，不得迟疑，不得提出疑问。（原书6页）

结果是，取得了物质的繁荣，丧失了精神的财富；作为传布福音的机构，救世军只剩了一块招牌。……在四分之三的队部，小军官们衣食不周，主要是由于征收重税，用来维持一个庞大的司令部和一大群无所事事的军官。差不多所有原来的工作人员和会员都不见了。（7页）

对别的宗教团体，救世军采取全然敌对的态度。救世军的士兵，不经军官的特准，不许参加别的礼拜会。受良心的驱使离开救世军的军官和士兵被宣布为叛徒。（8页）

在内部行事上，救世军跟耶稣会一般无二。虽然不公开教导“为目的可以不择手段”，但内部有此默契是与耶稣会完全相同的。（9页）

赫胥黎说，也许有人会把上面最后引用的话当作匿名的诬陷，我可以引一个有名有姓的人的话作为佐证。有一本1890年出版的小册子，书名是《布斯将军及其家族和救世军，表明后者的起源、发展以及它的道德的、精神的衰落》，著者S.H.霍基斯，法学士，救世军前少校，曾任布斯将军私人秘书。我劝有意思资助布斯先生的人也读一读这本小书。我从那里得到不少知识。有一件事值得一说。布斯有一天对霍基斯说：“霍基斯，你的枪只有双筒；我的枪有三筒。”如果霍基斯的记录不错的话，那第三根枪筒是“为了上帝和救世军，放弃你的良心，甘愿做那连正直的非教徒也不肯做的事”（该书32页）。——这第三根枪筒是可以用来打下许多好东西的，包括最根本的道德。

赫胥黎的第五封信（12月24日）主要是引用《新教皇》的内容跟布斯算金钱账。首先，一个救世军上尉得把会众的捐款的一部分上交师部和总部，一部分用来付会堂的房租（付给总部或某私人），付会堂的水、电、暖气费以及维修费；如果他有助手，他得付给他工资；总部发来的书刊要他付钱，不管卖完没卖完，如此等等。因此在百分之六十的救世军队部，军官无钱可拿，伙食和房租都得要会众资助。有少数地方比较好，军官除规定每周六元的工资外，有点富余，那也得捐给总部的“作战基金”。（35、36页）

布斯先生的理财的才能还表现在其他方面。多伦多有一所收容所，是位于市中心的一所很漂亮的建筑；地皮值七千元，房子值七千多，全是热心人士捐的钱。布斯又把这所房子抵押了七千元。在这个收容所开办的头五个月里，收到公众捐款一千八百一十二元七十分；其中六百元作为房租付给救世军总部，五百九十元五十二分用于日常开支，六百二十二元十八分用于办事员的工资和被收容者的伙食。（24、25页）布斯先生真是理财的天才！

谁能像他这样，既能让公众捐钱给他买地造房子供他使用，还按月付给他一大笔房租！他把房子抵押出去也没人说话。如果他想把房子卖掉，大概也没人阻止他。

按照《新教皇》作者的估计："加拿大人为了通过救世军传布福音所贡献的钱，六分之一是用在扩展上帝的国土上，六分之五是投资在年年看涨的房地产上，这房地产掌握在布斯和他的继承人的手上。"（26 页）

这些庞大的动产、不动产据说是交给布斯先生"托管"。也许别人对这"托管"是信任的，我可不敢。谁是托管者？是救世军？救世军是怎么个法律身份？一般士兵有份吗？当然没有。军官们对托管物有合法权利吗？肯定没有。"将军"在任命他们的时候是以他们放弃一切权利为条件的。所以，看来作为一个法人的救世军是等同于布斯先生。既然这样，任何代表救世军利益的"托管"都是——该怎么说才是既不失真而又不失体面呢？

我用一句话来结束我的信——布斯先生肯不肯征求一下律师的意见，在他现有的法律安排之中有没有什么条款能阻止他随他的高兴处置他已经积聚起来的财富？有没有谁有权根据民法或刑法控告他或他的继承人，如果他们按照与捐款人所设想的迥不相同的方式把这些财富用光？

在同一天，《泰晤士报》登出一封署名为J.S.屈洛特的信，信里说："很抱歉，我要扫那些跟着赫胥黎教授诋毁布斯将军和他的事业的人们的兴。我要提供有关在加拿大出版的那本'书'的一些情况。我曾经有幸会见过那本书的作者。那本书是在多伦多印的，只印了两本；其中一本是从印刷人那里偷走的，赫胥黎教授的公开信里的引文是后加到那一本里去的，因而是伪造物。这本书的出版未得作者允许，是违背作者意愿的……"

赫胥黎针对这封信写的信两天后见报，是总数的第六封。赫胥黎说，感谢屈洛特先生，他的信提供了我早就想知道的下列几点情况：（一）《新教皇》的作者是一位负责的、可信任的人；否则屈洛特先生不会说"曾经有幸会见过"。（二）在这位作者不怕劳累写了一本小字密行排版占六十四面的小书之后，不知道从什么地方对他施加了压力，结果是他拒绝让这本小书出版。屈洛特先生见多识广，一定能告诉我们这压力来自何方。（三）屈洛特先生怎么知道我引用那本小书里的某些段落是后加的，伪造的？是不是据他说是只印了"两本"之中的另一本在他手中？（四）如果那一本在他手中，他一定能说出来，我引用的那些段落之中哪几处是原有的，哪几处是后加的；那未经窜改的本子跟我所引用的本子在主要内容上有什么重要分歧？

赫胥黎的第七封信紧接着第六封信在第二天的《泰晤士报》上发表。赫胥黎说，我本来已经拿到一些跟那本小书有关的材料，只是我怕其中可能有传闻之误，所以没拿出来。现在既然有像屈洛特这样的知情人露面，那我就拿出来请他鉴定吧。（一）“《新教皇》的作者是一位索姆纳先生，是行为端正，在多伦多受人尊敬的人，在救世军里居于高级地位。在他离去的时候，由一位知名的美以美会牧师主持，举行了一个人数众多的集会，通过决议，对他表示同情。”请问有没有这回事？（二）“上个星期六中午前后，这本书的作者索姆纳和救世军出版部主任弗雷德·培理先生，由一位律师陪同，来到伊姆利—格雷厄姆印刷厂，要求交出这本书的原稿、铅版和已经印成的印张。索姆纳先生解释说，这本书稿已经卖给救世军。在收到一张付清排印费的支票之后，印厂主交出了书稿、铅版和印张。”请问有没有这回事？这一段和上一段引文都印在1889年4月24日的《多伦多电讯》报上，对不对？其中的记事是真是假？（三）“人们对于那本名为《新教皇统治；或，救世军内幕》的神秘的书的最后结局的关心一直没有减退。毫无疑问，这本书总有一天将以某种形式出版。据说只有一份完全的拷贝，它在什么地方是一个深藏的秘密。可以大胆说一句，即使救世军的加拿大军团长一直猜下去猜到明年的今天，他也不可能找着那五千本里唯一在逃的一本。当他和他的助手弗雷德·培理把这本禁书的一切的一切送进火炉的时候，他们相信已经一网打尽了。星期二那天他们发现《新教皇》还有一个拷贝存在，他们立即怀疑是在荣格街上的不列特奈尔书店手中，很快就有一伙救世军密探赶到那儿去侦察。”（1889 年 4 月 28 日《多伦多新闻》）请问这一段记事是捏造不是捏造？在屈洛特先生直截了当地回答上列问题之后我们才能讨论索姆纳先生的书里有没有窜改的问题。

在这封信里赫胥黎又提到霍基斯的书里的一段话。霍基斯说，他看见救世军的将军和参谋长有欺诈行为，提出来跟他们讨论，得出的结论是：他们认为为了上帝的事业就可以这样行事；正如同两军对阵，把敌人的炮夺过来掉转头打敌人，同样的道理，可以用魔鬼的武器对付魔鬼。正是这样的认识促使霍基斯退出救世军的。

赫胥黎的第八封信是答复一位牛津大学大学学院前研究员肯宁厄姆的。

1890 年 12 月 30 日的《泰晤士报》上登出赫胥黎的第九封信。他说，他过问救世军捐款的事原是为了防止“将军”或“将军们”诡计多端，为所欲为，其实对他来说是很不愉快的。现在有很多人出来关心此事，他可以搁笔了。

可是事情并没有让他想撒手就撒手。鼎鼎大名的天主教红衣主教曼宁在1891年1月2日的《泰晤士报》上发表了反对赫胥黎批评救世军的信，赫胥黎不得不在第二天的报上公开答复。这就是他的第十封信。

1月12日的《泰晤士报》上又发表了署名为救世军法国—瑞士军团长布斯—克立本的长信。这封信头上提到《新教皇》这本书的事件。他对于赫胥黎第七封信里提出来的事实不加驳斥，而是进行一番解释，而这解释是不能自圆其说的。这位军团长说：“索姆纳先生写这本小书是一时火气发作，他很快就后悔了——任何人在心平气和、良心出现的时候都会后悔他大大的言过其实的；于是恰好赶在这本书就要出版之前去找到军团负责人，说他愿意销毁已经印好的全部书，只要军团能支付印刷费，因为他自己没有这笔钱。”

赫胥黎在他的第十一封信里答复他。赫胥黎说：《新教皇》这本书是小字密行六十面，写得很用心，措词异常温和；书中有很多细节，有很多数目，查证这些细节和数目一定费了不少时间和耐心。可是布斯—克立本先生说这本书是“一时火气发作”的产物。我诚恳地希望，关于这件可悲的事情，布斯—克立本军团长先生知道的没有我多。不幸我现在有所顾虑，不能把我所知道的全说出来。我只能从作者序言里引一段来供参考。“我是经过深思熟虑并且受到众人督促才把这些内容公开的。可是，虽然我极不愿意从事这种倒胃口的工作，深知这将引起一阵轰动，使我感情上不愉快，生活上增加困难，然而我觉得为了乐善好施的公众，为了宗教，为了其目的正在受挫折、其劳动成果正在被摧毁的一群虔诚的男人和女人，尤其是为了救世军本身的前途，如果洁化了它的干部，回到它原先在加拿大传教队伍中的位置上来，为了这一切，我觉得尽我所能去说明真相以求达到上述目的，是我义不容辞的责任。”看来这本书的作者写这篇序言的时候，火气已经下去，如果一度有过的话，然而还没有达到布斯—克立本先生所说的悔悟的境界。至于军团长先生字里行间诬蔑索姆纳先生写这本书是为了几个钱被人收买的话，我只能说这是人们一再说救世军深得耶稣会三昧的又一明证。布斯—克立本军团长说：“伦敦大本营知道了这件事情，对于加拿大军团长的做法深不以为然。”这只能说明大本营不是消息不灵；但这丝毫不影响索姆纳先生作证的价值。很可能伦敦大本营也不赞成它的法国—瑞士军团长写这封信。那又怎么样呢？无非说明布斯—克立本先生犯了屈洛特先生一样大的错误。这一对巴兰本意是要诅咒，却被逼祝了福。（这是《旧约》里的故事，见《民数记》23 章 11 节。意思近于中文成语“欲盖弥彰”。——笔者）他们完全证明我信任索姆纳先生作为一位十分可靠的见证人是没错。他们二位都不敢挑剔那位正直的先生的任何一句话的正确性。他的整个故事我希望有一天能公之于众，那时候他的行动的真实原因是会让大家知道的。

赫胥黎的最后一封信登在 1891 年 1 月 22 日的报上，是介绍赫顿大律师关于布斯在 1878 年所宣布的委托书（即委托布斯保管捐款的法律文书）的意见书。大律师的文字当然要引用许多法律条文和法律用语，很难摘录，大意是：其中没有什么条文可以控制或干涉布斯处理或使用这委托书所涉及的财产或现金。布斯可以“送掉”那些财产，仅仅因为委托书里没有说谁有权阻止他这么行动。

赫胥黎为救世军的事情在一个多月的时间里给《泰晤士报》写了长长的十二封信，忙出个什么结果来呢？是不是救世军从此一蹶不振呢？根据最新的资料，1987 年版的《宗教百科全书》，救世军的活动还分布在八十七个国家，主要是英语国家和斯堪的纳维亚诸国；虽然总部还在伦敦，分支机构却以美国为最大，有一千零五十六个分部，三千六百个军官。救世军在中国也曾有过活动，50 年代初北京王府大街北段还有救世军的教堂，有直行的大字招牌高高挂在墙角。我想救世军的继续存在和活动，主要不是因为它的传教有何独到之处，而是它还从事某些慈善事业。至于布斯家族横行霸道的作风，经过赫胥黎等人的揭露，是否有所收敛，一百年以前的事情，资料难找，尤其在英国以外的地方。但愿这位生物学教授的“思出其位”不是徒劳!

# 3. 葛德文其人

1987年第8期《读书》上刊出黄梅同志的《玛丽们的命运》，谈到两个玛丽，一个是葛德文的妻子玛丽·沃斯顿克莱夫特，一个是他们的女儿玛丽·葛德文，诗人雪莱的妻子。至于葛德文本人，因为与题旨无关，只是一笔带过。这个葛德文其实也还是可以谈一谈的。

我第一次接触威廉·葛德文（William Godwin）这个名字是在20年代。一位朋友翻译他的《政治正义论》（全名是《对于政治正义及其对道德与幸福的一个考察》），他对付不了这种18世纪的政论文字，采取基本上直译的办法，把译稿分批寄给我校订。我那时也还没有译书的经验，明知他的译文没有读者能完全看懂，想把它顺过来，可是搬不动，只好敷衍一阵交卷。这本书译完了没有，现在也不记得了，反正没看见出版。原文好像是前卫出版社的普及本。

后来我才知道这部书在西方政治思想史上还是很有地位的。他反对权力，反对财产，主张分成许多小社会，人们在其中各取所需，和平共处。实际上这可以说是近代无政府主义思想的第一部系统论著。它出版于1793年，比普鲁东的《财产论》早五十五年。这本书出版之后，有人向当时的英国首相小皮特建议采取措施，皮特说，“对于一本售价三基尼的书的作者，不值得大惊小怪，因为这样价钱的书对于连三先令多余的钱都没有的人不会为害。”还有一点应该说明，就是葛德文这本书里尽管反对政府用暴力统治人民，却不主张用暴力推翻政府。他提倡和平改造。这部书在当时除了让作者因此结识了一些思想激进的文人之外，并没有产生多大作用。可是通过罗伯特·欧文间接对英国的工人运动产生了影响。

葛德文的生平事迹有Kegan Paul所作传记，我没有见过这本书。我有一本爱德华·牛顿的《聚书的乐趣以及同类爱好》，那里边有一篇《一个可笑的哲学家》，就是讲的葛德文。从篇名就可以看出，这篇小传是语带嘲讽的，不过我们还是可以从中看到葛德文的生平大概。

葛德文生于1756年，父亲是一位不奉国教的牧师。葛德文十岁的时候就学着在孩子们中间布道，二十岁就正式当牧师。他酷爱读书，一辈子不脱书呆子气。他的宗教思想越来越激进，不到几年就跟他的教派里的人闹翻，到伦敦去卖文为活。

法国大革命的爆发在英国知识分子中间产生极大的震动。葛德文很快就投身到激进的知识分子中间，跟比他年老的潘恩、比他年轻的华兹华斯等人都常来往。他的《政治正义论》就是在这个时期写出来的。这本书给他招来很高的声誉，还给他挣来一千镑稿费。

但是一千镑也不能养活他一辈子啊，所以他还得写别的。他给报刊投稿，谈政治也谈文学。他写小说，最有名的是《卡勒伯·威廉历险记》，一部惊险乃至有点近于神怪的小说。他的女儿玛丽的神怪小说《法兰肯斯坦因》（即《人造人的故事》）是不是受到葛德文这本小说的影响也说不定。此外他还写过几部小说，都不成功，只有《卡勒伯·威廉》直到 19 世纪末年还在通俗小说的读者中间流传。

他还写过一个悲剧《安东尼奥》，并且说服了剧团经理兼主要演员肯伯尔让它上演。这个剧本早就不会有人提起，如果不是查理·兰姆在一篇文章里记下它惨败的情况。兰姆给这个剧本写了一个“尾声”，并且陪葛德文去看首场演出。下面是兰姆的记事：

> 第一幕庄严而安静地过去了……第二幕稍为提高了点儿兴趣，观众似乎听得更用心……第三幕本来应该是把剧情逐步加温、引导到最后的高潮爆发的，可是观众的兴趣纹丝不动……
>
> 正是圣诞季节，气候提供了咳嗽的借口。观众里头有一个人起头咳，左右的人响应，于是咳成一片；观众席上的咳嗽声又传染到了台上，连安东尼奥都好像更急于解除他自己肺里的苦恼，顾不上解除剧作家的恐惧；此时此刻葛德文也害起怕来，他说，早知道肯伯尔感冒没好，勉强登场，本来不妨把演出推迟的。
>
> 剧情徒然地在那儿发展。台词没精打采地往前赶，观众丝毫不加理会，演员们变得越来越小，舞台变得越来越远，观众都快要睡着了，忽然安东尼奥拔出一把匕首，一下捅进他妹妹的心口。效果就像是一场存心杀害，把观众拉进去当同谋犯，整个剧场起立怒骂——他们要是能逮住这位不幸的作者，说不定会把他撕成几块。

这个戏从此再没法上演了。

葛德文在《政治正义论》里反对政府制度，反对财产制度，也反对婚姻制度。他主张男人和女人可以跟男人和男人、女人和女人一样地交朋友性的关系可以跟别的友谊关系一样看待。他不光是反对结婚，也不赞成同居，他认为男女分开住的好，各人做各人的工作，互不干扰。由于他的坚持，他和玛丽·沃斯顿克莱夫特的结合最初就是采取这个形式。只是到了玛丽怀了小玛丽的时候，她一再恳求，葛德文才不得不同意到圣潘克拉斯教堂里去悄悄地举行婚礼。女儿出世没有几天，妈妈就死了。还流传这么个传说，说是当玛丽·沃斯顿克莱夫特临终的时候说："我已经到了天上，"葛德文说："不对，亲爱的，你的意思只是你已经感觉身上轻松些了。"

这样，由于"造化弄人"，那个不赞成婚姻制度和家庭生活的葛德文，在短短的几个月之内，成为一个丈夫、一个鳏夫、一个后父和一个父亲。再也没有比他更不合适承担这个职务的了。他不得不建立起一个家庭，雇用一个保姆。这个保姆一来就想跟他结婚，他赶快逃到外地。

可是他已经不那么反对婚姻制度了。他遇到一位小有才的女士哈丽特·李，写信向她求婚，劝她做贤妻良母，被她拒绝了。又过了些时候，有一位克莱蒙夫人，一位肥胖而不讨人喜欢的寡妇，看中了葛德文，故意把家搬到葛德文住处的附近，自我介绍，说——“请问，我面前的这位敢情就是鼎鼎大名的葛德文吗?”这一招够厉害的。当一个寡妇下决心要嫁谁的时候，她的对象只有两条路可走：一是逃走，二是屈服。葛德文没有办法逃走，只好屈服。

他们的家庭够复杂的。葛太太跟前夫生了两个孩子：一个女儿克莱尔——后来成了拜伦的情妇，跟他生了个女儿阿勒格拉；还有一个儿子，小时候宠坏了，长大不成器。葛德文这方面有前妻带来的女儿范妮·伊姆莱，他自己的女儿玛丽。后来他跟这位新太太又生了个儿子，取名威廉，与父亲同名。

葛德文的生活来源，一是卖文，二是借贷。家里人口多了，用度也大了，他得赶着写。他着手写《乔叟传》。关于乔叟的事迹，人们知道的不比关于莎士比亚的多。葛德文只好发挥他的想象力，设想乔叟可能做过什么事，见过什么光景，有过什么思想，添油加醋，居然写成上下两册《乔叟传》。这也是当时的风气。

葛德文夫人可是个“女强人”，她对于做买卖比对于做文章更有信心。她开了一家少年儿童书店，倒是生意兴隆。这些供儿童阅读的书，大多经过葛德文润色，有的还可能是葛德文写的。他的署名是鲍尔温。兰姆和他姐姐合写《莎士比亚故事》（林琴南译本名为《吟边燕语》）就是葛德文建议的。赫兹里特也写了一本语法书给他。

时间很快过去，葛德文还健在的时候就已经没有多少人记得这位《政治正义论》的作者了。有时候有人谈到他，是因为他是诗人雪莱的老丈人。雪莱被牛津大学开除是因为写了一本宣传无神论的小册子。雪莱读过葛德文的《政治正义论》，设法认识了作者，又认识了他的漂亮的女儿玛丽，最后抛弃了自己的妻子海丽特，跟玛丽私奔到了欧洲大陆。他们出走的时候把克莱尔也带走了。她母亲紧紧追去，在法国加莱赶上了他们，可是没能把他们弄回来。

葛德文和雪莱的关系很能表现葛德文的性格上的弱点。雪莱跟玛丽谈自由恋爱是符合葛德文的理论的，可是葛德文大不以为然，跟雪莱断绝音问。可是他没有钱用的时候又问雪莱“借”钱。还有一个十分可笑的故事。雪莱寄给他一张一千镑的支票，他回他一封信：“我退还你的支票，因为你在支票上写上了我的名字。为什么要让银行里知道呢？望你另开一张赶星期六上午寄到我手。抬头可以写约瑟·休谟或者詹姆士·马丁或者任何别的名字。”葛德文的办法是自己签上约瑟·休谟或者詹姆士·马丁或者任何别的名字，然后背书自己的名字作为担保。这办法真绝！

一直要到雪莱的第一个妻子海丽特·威斯特伯洛克自杀的1816年（他们是1811年结婚的），雪莱和玛丽正式结婚之后，葛德文才跟他和解。此时他又以结上这门亲而感到骄傲。他写信告诉他在乡下的兄弟，说他的女儿嫁给了一位有钱的二等男爵的长子。①

葛德文的日子也够不好过的。克莱尔跟拜伦生了个孩子之后被他抛弃；海丽特·雪莱跳河；范妮·葛德文服毒；最后雪莱也死了，留下一个年轻的妻子和一个几岁的孩子。葛德文的日子越过越艰难。老朋友有的死了，有的不来往了。他自己也老了，还是不断地写书，写《共和国史》（指1649—1659年），写《查坦姆伯爵传》（按即《老皮特》），写《巫术家列传》，当然还有小说。这些书大都是不值得一读的。

最后还是有几位好心肠的朋友向政府申请任命他做财政部传达卫士（Yeoman Usher of the Treasury）这么个莫名其妙的拿钱不做事的小官，还供给一所住宅。可是任命不久，议会改选，新议会锐意革新，把许多拿干薪的职务都给取消了。幸而各党各派的人都同情葛德文的老境凄凉，让他保留这个职务终身。1836年葛

① 按照英国法律，长子继承家产和贵族称号。

德文去世，享年八十岁，遗骸葬在圣潘克拉斯教堂墓地里玛丽·沃斯顿克莱夫特墓旁。

怎样评价葛德文这个人呢?《政治正义论》代表他早年的思想，其中不乏崇高的理想，可是生活使他不得不渐渐把它抛弃；最早是要改造环境的人渐渐地变成听任环境摆布。这在古今中外的知识分子中是不少见的。可是像葛德文这样软弱而又固执的性格，既不引人亲近，又不招人怜惜，那倒真是少见的。

## 4. 李尔和他的谐趣诗

爱德华 · 李尔（Edward Lear，1812—1888）以写 nonsense poems 出名。这里的 nonsense poems 在中文里很不好翻译，翻做“无意识的诗”固然不对，翻做“打油诗”，“滑稽诗”也不十分恰当，姑且译做“谐趣诗”吧。我从前有过一本他的 The Book of Nonsense，在抗日战争中跟别的一些书一块儿丢了。十多年前在旧书店里买到一本企鹅丛书版的《爱德华 · 李尔传》，作者戴维森（Angus Davidson），剑桥大学出身，翻译过几本意大利小说。他写这本《李尔传》，参考了李尔本人的部分日记和大量书信，写得相当详细。这本《李尔传》是 1938 年出版的。查十五版的《不列颠百科全书》，李尔的标准传记是 1968 年出版的 Vivian Noakes 写的《爱德华 · 李尔：一个漫游者的一生》。

李尔的祖先是丹麦人，姓 Lφr，他祖父迁居英国，把姓的拼写法改了，就跟莎士比亚剧本里的李尔王同姓了。他的父亲是个股票商，在爱德华十三岁的时候，他父亲破产入狱，四年以后还清债务释放，迁居乡下，不久就死了。爱德华他们弟兄姊妹共有十九人，有几个没长大。他大姐安妮比他大二十一岁，一辈子没结婚，爱德华是她一手带大的，名为姐弟，无异母子。李尔中年以后，旅居国外的时候为多，两星期给姐姐一封信，讲他的生活，他的见闻，他的病痛，从未间断。

李尔在一首自叙诗里说自己是“其貌不扬”，“他的鼻子特别的大，他的胡子像假发”。他的眼睛小而高度近视，戴一副镜片老厚的眼镜。从年轻的时候就有点儿驼背，老年的时候更甚。

李尔有癫痫病，七岁的时候第一次发作，一辈子没好。发作起来不厉害，可是很频繁。发作常在清晨或深夜，时间不长，不妨害他的正常生活，因此他到年纪相当大的时候还能坚持工作。他这个病对他一生有两个重要的影响。一个影响是他一辈子没结婚。人家给他介绍过几次，他都拒绝了。他有一个非常要好的女朋友，她等着他求婚。他也几次想求婚，但是都自己否决了，最后一次是在他五十四岁的时候。另一个影响是他特别爱小孩儿，小孩儿也是见了他就跟他亲热。他的谐趣诗主要是写给孩子们的。

李尔一辈子卖画为生，他的谐趣诗没给他挣多少钱，他本来也没这个打算。他没有正规的上过学，他的教育都是他大姐给他的。他的关于动物和植物的知识，他的作诗画画的技能，都是先跟姐姐学一点儿，然后靠自学。他从小爱画动植物，二十岁那年，英国动物学会雇他给学会的动物园里养着的鹦鹉写生，后来印成彩色图册，共四十二幅。这在当时是个创举。他因此有了点小小的名气。

当时有一位达贝侯爵，在利物浦附近乡下的府邸里有一个动物园，他想请人来给园子里的动物写生。他托人给他物色，有人介绍李尔，侯爵亲自到动物园去看他画鹦鹉，然后就聘请他到他府上去当画师。李尔在侯爵家里一住就是四年。先是老侯爵的孙男孙女爱上了他，爱听他说故事，跟他聊天，然后是老侯爵本人也跟他成为好朋友。后来他虽然不再受雇于侯爵，可是跟这一家老少四代人成了世交，他们不断买他的画。

他在达贝侯爵家这四年对他后来的生活有很大影响。侯爵家富于收藏，有伦勃朗（Rembrandt）和贺尔拜因（Hölbein）的油画，还有很多英国水彩画家的作品，李尔从这些作品里学到很多东西。侯爵家的房子大，又好客，来来往往的贵客很多跟李尔交上朋友，在他后来的生活中给他各种帮助，包括买他的画。

在侯爵府的第三年，李尔陪着老侯爵的儿子亚瑟·斯坦莱去爱尔兰旅行。李尔是个手勤的人，一边儿游山玩水，一边儿画风景速写。他决定以后不再画动物，要画风景，以此谋生。也还有别的因素促成他这个决定。他的视力不好，如果长期作动物写生，会把他的眼睛给毁了。再还有，在北英格兰住了这几年，加重了他原来有的哮喘病倾向，画风景给他一个借口到天气暖和的外国地方去走走。

从 1837 年开始，他旅居国外的时候多，回英国多半是短期小住。1837 年他二十五岁的时候，第一次经过德国来到意大利，正是收获葡萄的清秋季节，他高兴极了。这以后有十年他大部分时间在意大利，拿罗马做根据地，在意大利各地和西西里岛游历，画画，间或回英国住一阵。他在旅行中积累画稿，回到罗马加工成彩色风景画，后印成册出售，多半是通过预约定印数。旅行画画的时候很快活，加工出版就免不了一系列麻烦。三十六岁以后，他的旅行扩大到东欧、希腊和近东许多地方，以靠近希腊西海岸的科尔富岛为根据地，那儿有他的一位好朋友做法官。四十六岁以后，除了一次埃及旅行之外，行踪不离地中海沿岸以及科西嘉岛等地。后来在避暑胜地卡恩住了几年，六十岁以后，他讨厌卡恩的喧嚣，迁居仍然在地中海沿岸但是在意大利境内的圣雷莫，直到七十六岁病逝。这十多年里边，除了应一位当上印度总督的朋友的邀请到印度和锡兰去旅行了一次之外，只在意大利和瑞士境内走走，没有远出。

李尔大半辈子到处漫游，不遑宁处，不能完全用搜集风景画的素材来解释。他的传记的作者戴维森说："他一生都感到一种迫切的愿望，要走动，要看新地方；他的幸福乃至，在很大程度上，他的健康，都有赖于这个欲望的满足。他选择地貌风景画作为他的职业绝非偶然：他终身的愿望——描绘南欧和近东各地的景色，以及后来的印度和锡兰——给他的力求摆脱之冲动提供一个借口和一种理由。摆脱什么？主要是摆脱他当时所在的地方，摆脱习见的环境之单调，习见的行事之无谓，摆脱与人往来，这些人——不管他在什么地方和他们相遇，不管他觉得他们多么可取——他觉得他跟他们是根本上格格不入的。有时候，甚至在跟他最亲密的朋友在一起的时候，他也有这种感觉。他有一次在写给丁尼生的信里说：'我一辈子都深深地感觉，在我往来于其中的人们中间，我只是一个观众；我不觉得我是一个演员。'"

尽管如此，他一辈子还是交了不少朋友。他说他收藏着四百四十多人的来信。他自己也是个勤于写信的人；为了不妨害白天的工作，他常常四五点钟就起来写信，有时在早餐之前写二三十封信。

李尔画油画，也画水彩画。李尔的油画不怎么出色，比较死板。他自称是一个地貌风景画家，不为无因；他的目的就是如实地描画自然，他没有进一步的要求。他的水彩画比他的油画好。在他的水彩画里，他着重用线条，色彩是第二位的。这跟他的绘画从动物写生开始有关系，可是在他的后期作品中，他运用线条更加灵活，更富于表现力。但是最能表现他自己的是他的谐趣画，不论是配合他的谐趣诗的还是单独画的。

他通过绘画认识了许多名人。最阔的当然该数维多利亚女皇，她看了李尔的两卷《意大利旅行画记》就请他教她画画，前后上了十二课。李尔并不怎么欣赏这一番际遇。在名流中最让他倾倒的是丁尼生夫妇，尤其是丁尼生夫人埃米莉。他给丁尼生的一些诗画插图，给另外一些诗作曲谱。他把他在圣雷莫先后建造的两所房子命名为埃米莉别墅和丁尼生别墅。他也曾经跟白朗宁夫妇有过来往，那是1859年在罗马。可是他不喜欢他们那儿的气氛。在他写给丁尼生夫人的信里他说：“我到那儿去过一回，我对白朗宁夫人的印象很好，我觉得她非常和气——但是她周围有些人我觉得‘太不怎么样’了，这些人我躲还躲不过来呀：我听别人说，她经常为各色各样的人所包围，就像一棵玫瑰树栽在三四十棵向日葵、一百八十二棵金盏草、九十六棵大理花、七百五十六棵翠菊的中间——到这种地方去还有什么意思呢?”

其实连他自己有时候也逃避不了这种恶客。为了卖画，他的画室不能拒绝来访的客人，可有时候实在受不了。他曾经写过一段《画室中的一场》：

（四位夫人，停留了两小时之后，起身告别。）

**夫人甲。**“亲爱的李尔先生，我们真是大饱眼福了。可是您呆在屋里的时间这么长，那可不好啊！您应该多多注意您的健康——工作是重要的，可是如果您把身体搞坏了，您就完全不能工作了，那可怎么办呢！请您现在就出去，您会客的时间应该限制在十二点或者一点之前。”

**夫人乙。**“这种扰乱多可怕啊！我真不知道您怎么还能工作！——您为什么让人这么样跟您捣乱？一想起我们占用了您这么多时间，我真是惶恐之至。”

**夫人丙。**“一点儿也不错：这正是一天里最好的时刻。您应该两点钟以后概不见客。”

**夫人丁。**“您应该早点儿出去散步，然后您可以用其余的时间会客。让人中间打断多可怕啊!”

(又进来四位夫人。原来的四位向他们跑过去。)

**八位夫人。**“多妙啊!多巧啊!亲爱的玛莉!亲爱的珍妮!亲爱的埃米莉!亲爱的索菲亚!”等等。

**夫人戊。**“亲爱的李尔先生这么好的天气您真不该呆在家里!”

**夫人乙。**“我真想不出您怎么还能工作!您真不该一天到晚放客人进来!”

**夫人庚。**“可是您得让我们坐一会儿看看这些漂亮的画儿!”

**夫人辛。**“啊,好极了!咱们不上欧夫人那儿去了。”

**夫人甲、乙、丙、丁。**“这么说,我们也要再坐一会儿——真有意思。”

**八位夫人合唱。**“艺术家的生活多么可爱啊!”

**艺术家。**“该——的!”

当然,李尔的声名之所以能流传到今天是由于他的谐趣诗。李尔的第一本诗集《谐趣诗集》出版于1846年,里边的多数是十年前在达贝侯爵府上编给他的小朋友们玩儿的。这里边的诗多数采取“五句头”（limerick）的形式。很多人误会这种诗体是李尔创造的，其实不然。一家以出版儿童读物出名的出版社在1820年出版了一本有彩色木刻的小书，名为《十五位先生的故事和奇遇》，后来又出了《十五位姑娘的……》和《十六位老太太的……》。这些小书里边就用的是这种五句头诗体。李尔大概觉得这种诗体很合乎他的需要，就采用了。他的第一本诗集极受欢迎，他后来又陆续出版了三本谐趣诗集，在他死后还出版了一本。后出的几本诗集里不尽数是五句头，也有别的诗体，但多数配有李尔自己的谐趣画。下面是李尔写的三首五句头：

一棵树上有个老翁，
讨厌透了一只蜜蜂。
　　人家问：“它老在嗞嗞？”
　　他回答：“可不是！
真是个坏透了的蜜蜂！”

一个年轻的挪威姑娘，
坐在门坎儿上乘凉；
　　门扇儿轧得她像张纸儿，

她倒说："这不算一回事儿！"

好个勇敢的挪威姑娘。

一个老头儿有一把大胡须，

他说："真是应了我的忧虑！——

一只老母鸡，两个猫头鹰，

四个叫天子，一只小黄莺，

全把窝做进了我的胡须！"

下面是李尔的有名的诗篇《猫头鹰和猫咪》：

一

猫头鹰和猫咪出海去玩儿，

坐的是豆绿色的漂亮船儿。

他们带了点儿蜂蜜，钱带的不老少，

外边儿包上一张五块钱的钞票。

二

猫头鹰看一眼天上的月亮

弹着小吉他轻轻儿地歌唱：

“亲爱的猫咪！我的宝贝！

你不知道你自己有多美！”

三

猫咪直夸：“优雅的猫头鹰！

你唱的多么甜，多么好听！

咱们别再耽搁，快点儿办喜事！

可拿什么做咱们的结婚戒指？”

四

他们扬帆远去，一年零一天儿，

到了个地方儿普林树成片儿，

一头公猪站在当中间儿，

顶着个戒指在他的鼻子尖儿。

五

“公猪，公猪，我给你一毛，

买你的戒指。”公猪说：“很好。”

他们把戒指拿走，第二天结了婚，

住到山上去跟火鸡做近邻。

## 六

他们吃的是肉末儿带榅桲，

使的是锃亮的银勺，

手拉手来到金色的沙滩上，

月亮底下跳舞够多么欢畅！

这首诗是1867年冬天他住在卡恩的时候写的。那时候他有一个很好的邻居，有名的文学家兼历史学家西蒙兹（John Addington Symonds），李尔跟他们一家都交上朋友，包括他们的两岁半的女儿珍妮特。他为她写了好些个谐趣诗，这是其中的一首。

七年之后，他在印度旅游，住在一家旅店里。有一天，等开饭的时候，他给店主人的小女儿画鸟玩儿。当他画了一只猫头鹰的时候，旁边一个小女孩说："请您再给画一个猫咪！——因为，您知道，他们坐上一条船出海去玩儿，带了点儿蜂蜜，还有不老少的钱，外边包上一张五块钱的钞票。"李尔询问之后才知道这个女孩儿上学的学校里，老师把这首诗教给了全校的学生。李尔听了之后，也许会觉得他这一生没有白白度过。

[后记] 1988 年 8 月某日的《北京晚报》上有徐淦同志的介绍李尔诗画的文章，转录如下：

## 爱德华·李尔的谐趣诗画

徐 淦

6 月 6 日威斯敏斯特教堂给英国“打油诗”创始人爱德华·李尔立了一块纪念碑，三百五十人出席典礼，他五岁的后裔献了鲜花。

这个教堂叫“西敏寺”，十分出名，除了英国国王，牛顿、狄更斯、达尔文等人都葬于此，1888 年去世的李尔能在这里立碑，确是殊荣。

爱德华·李尔把自己的诗称为 Nonsense Poems，直译“毫无意义的诗”；用“打油诗”来意译，自然现成，却不完全贴切。

这位先生不仅是诗人，更是画家。李尔生前周游列国，原以画地理图和动物画为业。所以他有许多诗画，用某国某地开头，简直像中国的《山海经》。不知他以画配诗，抑是以诗配画，反正画与诗都由他一手完成。

语言学大师吕叔湘先生在《读书》杂志 1987 年第 9 期上介绍过李尔，把他的诗定名“谐趣诗”。那篇文章诱发我托在美国留学的小朋友买来一部《全集》。我先来选译几首，供更多的读者一见其诗其画。不过外国打油诗何等难译，拙译实在是献丑，要请吕叔湘前辈和专家们笑而正之。

## 大胡子

这位老大爷说他啥也不怕，

怕只怕他的大胡子太大，

找房的会不会找上了它。

可怕也是白怕，瞧吧，

一对猫头鹰，一只鸡妈妈，

四只百灵鸟，一只小鹪鹩，

都在胡子里安了家。

## 长鼻子

这位年轻太太长个长鼻子，

长得一直拖到她的脚丫子，

她雇了个举止稳重的老婆子，

一路扛着她那惊人的鼻子。

## 大 眼 睛

年轻的姑娘爱化妆，

眼圈画出新花样，

她这么圆睁怪目，

吓得行人都逃光。

## 5.《第二梦》

我曾经无意之中买到一本 J.M.Barrie 的 Dear Brutus，羊皮面袖珍本，封面衬页有“松坡图书馆藏书”印记，扉页有“志摩遗书”印记。这是个三幕剧的剧本。《亲爱的勃鲁托斯》这个剧名颇为古怪，何所取义要读到第三幕中间才知道。在那儿，一位剧中人引用莎士比亚《裘力斯·恺撒》第一幕第二场里的两行诗：

Casius *The fault, dear Brutus, is not in our stars, but in ourselves, that we are underlings.*

朱生豪的译文（人民文学出版社本，卷八，218 页）是：

凯歇斯　要是我们受制于人，亲爱的勃鲁托斯，那错处并不在我们的命运，而在我们自己。

朱译把 underlings 译做“受制于人”在《裘力斯 · 恺撒》这个剧本里是合适的，在 Barrie 这个剧本里不合适，译做“小人物”或者“没出息的人”较好。

这个剧本看到一半的时候，我就觉得里边的情节好像在哪儿见过。看完全书才想起，1926 年春季的一个晚上，曾经在协和医学院的礼堂看过燕京大学毕业班演出的一个话剧，名字叫做《第二梦》，情节跟这个《亲爱的勃鲁托斯》十分相似，是它的译本或者改编本。还记得这次演出的说明书上导演的名字是焦菊隐，后来全国闻名的名导演。可惜我没有保存话剧、电影、展览会等等的说明书的习惯，对这次演出说不出更多的情况。转眼六十年过去了，不知道还有当年看过那次演出的人记得这回事没有?

《第二梦》的故事发生在一所乡间别墅，主人娄伯是个神秘的小老头，他请三对夫妇和两位小姐到他家里小住，时间是仲夏时节。英语里有“仲夏疯”之说，说是这个时候能出现许多稀奇古怪的事儿，莎士比亚的《仲夏夜之梦》是一个例子。Barrie 有意把离奇的剧情安排在这个时节。娄伯这个角色相当于《仲夏夜之梦》里的迫克。

剧本分三幕。第一幕和第三幕都在别墅的客厅里，客厅的窗户外边是花园，这花园会忽然变成一片树林子，在这里，用娄伯的话来说，“人家说，在这个树林子里你能得到第二个机会——这不是在座各位都在梦寐以求的吗?”第二幕的场景就是这个神秘的树林子。

剧中人有十位，除主人娄伯和请来的八位客人外，还有一个佣人梅忒。主要情节有两个。一个情节是浦尔第、浦太太（眉贝尔）、琼娜小姐三个人中间的恋爱纠纷。一个是狄尔塞和狄太太（爱俪思）之间的沧桑变幻。这五位是主角，其余的是配角。

第一幕里浦先生跟琼娜小姐谈情说爱：

**浦** 娄伯胡说八道，别理他。亲爱的，啊，亲爱的。

**琼** 他看见你亲我的手。杰克，要是眉贝尔起疑心!

**浦** 她没什么可猜疑的。

**琼** 是没什么可猜疑的。杰克，我现在没犯什么错误吧?

**浦** 你!（她给他一只手，他抓住她两只手。）

**琼** 杰克，眉贝尔是你的妻子。我要是做出什么对不起她的事，我就要恨死我自己。

**浦** （把她的手按在她的眼睛上）这一对眼睛不会做出对不住人的

事。（他把她推开点儿，打量她，被她的女性的火焰烧焦。）啊，你真美。（几乎是责怪。）琼娜，你怎么这么美！

（她很愿意顺从他的意思少美点儿，可是她没办法。她把眼睛睁得更大，他把她紧紧搂住，免得看见她的脸。男人们就是这样寻找安全。）

琼　我一心一意要帮助她和你。

浦　我知道，我知道，我的亲爱的、勇敢的宝贝。

琼　杰克，我非常喜欢眉贝尔。我要成为世界上她的最好的朋友。

浦　你是她的最好的朋友。没有一个女人有比你更好的朋友。

琼　可是我觉得她并不真正喜欢我。不知道是为什么。

浦　（他的脑子比她灵）眉贝尔就是不了解你。我当然不愿意说我妻子的坏话——

琼　（严厉）你要是说她的坏话，我可不要听。

浦　亲爱的，你这么说，我更加爱你。眉贝尔心肠可冷了，她不懂得爱情。

琼　她不领会你的情义。

浦　对了。当然，我这个人也怪。琼娜，我常常觉得我很像一朵没有太阳晒、没有雨水浇的花。

琼　你让我的心都碎了。

浦　我想世界上没有比我更寂寞的人了。

琼　多可怜啊!

浦　只有想到你的时候我才好受点儿。你像一颗星星照在我头上。

琼　不，不。我愿意我有这么好，可是我没有这么好。

(中略)(二人接吻)

琼　花园里好像有人。

浦　(巡视后)现在没有人。

琼　我确实听见有人。(眉上)

眉　(带歉意)对不起，杰克，扰乱了你们；可是请你等一等再亲她。琼娜，请你原谅(她轻轻地拉上窗帘)我不要别人看见你们；他们不一定能理解你是多么高尚，杰克。你们现在可以继续了。

(眉贝尔退场，杰克不知所措，琼娜知道事情败露。)

琼　真没想到!可是，多么卑鄙!(快步到门口，喊眉贝尔的名字)

眉　(迅速回来)琼娜，你喊我?

琼　我要求你说明。(傲然)我问你，你在花园里干吗来着?

眉　我找东西。我丢了个东西。

**浦** （永远抱希望） 要紧东西？

**眉** 我一直把它当宝贝，杰克。我找的是我丈夫的爱。琼娜，会不会是你捡着了？要是你捡着了，又不稀罕它，我愿意要回来——破碎的，我是说。

**琼** 眉贝尔，我——我不让你对我说这种话。你居然说我——说你的男人——唉，可耻！

**浦** 眉贝尔，我不能不说我对你有点儿失望。你不是上楼去换鞋的吗？

**眉** 可怜的杰克。（若有所思）那么个女人！

（中略）

**浦** 眉贝尔，我不得不打开天窗说亮话了。如果你愿意，我一定对你忠诚；这是你的权利。可是我不能说假话，对我来说，琼娜是全世界唯一的女人。要是我认识她在认识你之前——真是命中注定！

**琼** 晚了，晚了。

**眉** （嘲讽） 对不起，我破坏了你们的美好生活。

**琼** 眉贝尔的嘴！总是她好，别人不好。

**浦** 你也注意到了？可怜的眉贝尔，这可不能让人钦佩。

**琼** 我不想出去了。她这么一来，真叫人扫兴。

**浦** 别理她，咱们一定要勇敢。啊，琼娜，要是咱们早认识！要是我能再从头开始！仅仅因为走错了一步就毁了一辈子，太不公平了！

这是第一幕里的事情。到了第二幕（神秘的树林）里，琼娜和眉贝尔的角色倒了个过儿，琼娜是夫人，眉贝尔是情人，浦尔第如愿以偿。浦尔第追逐眉贝尔，从这棵树后头追到那棵树后头。琼娜躲在一棵树背后。

**眉** （浦尔第逋住了她）不行，不行，不行。我才认识你几天，就那个？再说，你夫人知道了会说什么！我要开始认为你是个可怕的人了，浦先生。

**浦** 到了这个时候你还不该叫我杰克？

**眉** 也许吧，如果你听话，杰克。

**浦** 要是琼娜能像你，该多好啊！

**眉** 像我？你是说她的脸？她的脸——也许说不上漂亮，可也不难看。（挺大方的）我倒不在乎她的脸。你有这么一个靠得住的娇小的夫人，我为你高兴，杰克。

**浦** （愁苦） 多谢。

**眉** 要是琼娜现在看见你，她会说什么？

**浦** 做妻子的应该没有嫉妒心。

**眉** 琼娜嫉妒？杰克，告诉我，嫉妒谁？

**浦** 你要我，眉贝尔，你要我告诉你吗？

**眉** 我想不出她是谁，我看见过她吗？

**浦** 每逢你照镜子的时候。

**眉** （脑袋一歪） 多怪呀，杰克，不会的；我每回看镜子都只看见我自己。

**浦** 眉贝尔，你是多么的天真啊。要是琼娜，一下就猜着了。

（眉贝尔慢慢地明白过来，害怕。）

**眉** 不会的。

**浦** （激动） 要我告诉你吗？

**眉** （心跳加快） 我不知道，我没有主意。杰克，最好别说，一定要说也得那么样说，让琼娜听见了也不伤心，她是常常会忽然出现的。

（从琼娜藏身的树背后出来轻轻一声呻吟。）

**浦** 要我那么样说，我宁可不说。（他急于要她知道他的真正为人。）眉贝尔，我不知道你看出来没有，我是跟别人不一样的。我一辈子都是不得不独来独往的。从小就跟别的孩子不一样。不到十二岁我就觉得万事不如人；现在也还是这样。我想世界上再也没有比我更瞧不起自己的人了。

**眉** 杰克，你是到处都让人赞赏的人。

**浦** 没有用；我自己知道。我总是觉得恋爱是伟大的激情，可是我又觉得恋爱的幸福只会降临到别人头上，不会到我头上。我希望从女人那里得来的太多了。这是我的悲剧。

**眉** 后来你就遇见琼娜。

**浦** 后来我就遇见琼娜。是的！我真笨，我以为她会理解我，说了些我自己也不相信的话。我怎么办呢？我刚才说过，我相信理想的恋爱不会降临到我头上的。不管在什么情况之下，我相信我的灵魂只能独来独往。

**眉** 琼娜啊，你怎么能——

**浦** （坚定）不能怪她，眉贝尔；如果有错，错在我。

**眉** 于是你就跟她结婚。

**浦** 于是我就跟她结婚。我觉得这是一个男人应该做的。我对于世事一窍不通，我觉得有权利替一个女人付账是愉快的；看见她的衣服扔在我的沙发椅子上也觉得高兴。慢慢地这种高兴劲儿也消退了。可是我不觉得苦闷，我的要求不高，我一直相信没有一个女人能探到我的热情的深渊。

**眉** 后来你遇见我。

**浦** 后来我遇见你。

**眉** 太晚了——永远不——永远——永远——永远不。这是英语里最最悲哀的字眼。

**浦** 当时我觉得还有一个比这更悲哀的字是琼娜。

**眉** 你觉得我有什么值得你爱的呢?

**浦** 我想是我觉得你是那么像我。

**眉** (睁大眼) 你也注意到了吗?有时候我一想起来就害怕。

**浦** 咱们的想法完全相同;咱们不是两个人,眉贝尔;咱们是一个人。你的头发——

**眉** 琼娜知道你喜欢我的发式,这一个礼拜她都做这个发式。

**浦** 我没注意。

**眉** 所以她不再做这个发式了。(想) 我想不出一个能让琼娜好看的发式。你在那儿咕哝什么,杰克?有什么事别瞒着我。

**浦** 我在念一首诗,是我写的:只有六个字,“眉贝尔浦尔第”。让我教你好吗,亲爱的?念,“眉贝尔浦尔第”。

**眉** (用她的小手遮住她的嘴,低声) 我要是念了,杰克,我就对不住琼娜了:你可不能要我对不住琼娜啊。咱们走吧。

**浦** (激动,毫不留情) 念,眉贝尔,念。你看,我拿你的太阳伞在地上写了。

**眉** 要能这样该多好！杰克，我悄悄地念给你听。（她一边儿念，他们一边儿往树林深处走去。衣服头发散乱的琼娜跟踪而去，夜莺重新唱起他的恋歌。）

第二幕的后一半，先出场的人物是狄尔塞和他的幻想中的女儿玛加利（有点像查理·兰姆的“梦中儿女”）。狄先生现在是个自得其乐的画家（他在第一幕里是个学画不成，好酒贪杯，自甘颓废的角色），一边儿在树林中间一块空地上给月亮画像，一边儿跟玛加利有一搭没一搭地说些亲亲热热而又疯疯癫癫的话。从树林里走出来原先的狄太太爱俪思，衣衫褴褛，饥寒交迫。她看见他们，可是不认得他们。

**爱** 你好，小姐；你好，先生。

**狄** （看见她眼睛在地下找什么）你丢了什么了？

**爱** 有时候旅游的人吃点心会掉下点什么。我在找呢。

**狄** 天哪，你已经饿成这个样儿？我真替你难受。

**爱** （悻然）要是我得到我应当得到的，我不会比你们差——肯定比你们好。

**狄** 当然。

**爱** 我有过男佣人，有过汽车。

**狄** 玛加利和我可没这么阔气过。

**玛** （刺痛）我坐过几回出租汽车，爸爸常常收到电报。

**狄** 玛加利！

**玛** 对不起，我不该夸嘴。

**爱** 没关系。你知道我是谁？尊贵的芬奇—法劳夫人——那就是我。

**玛** 这是个漂亮的姓。

**爱** 该死的芬奇—法劳。

**玛** 您不爱他吗？

**狄** 咱们不谈这个。我对你的过去不感兴趣，可惜我们这儿没什么吃的请你。

**爱** 有酒吗？

**狄** 没有，我自己不喝酒。让我想想……

**玛** （高兴）我知道了。您说过咱们有五镑钱。（对穷妇人）五镑钱你要吗？

**狄** 亲爱的，别傻了；咱们还得付旅馆账呢。

**爱** （充好汉）算了；我没问你要什么。

**狄** 请别误会；我也是经过沧桑的人。这儿有十先令，你拿着。

(中略)

**狄** 可怜的家伙。我想她的日子很不好过，有一个人对不起她——至少该负一部分责任。(继续画画) 我说，玛加利，咱们是幸运儿，咱们一定得时刻想到那些运气不好的人。

**玛** 对了，咱们得时刻想到他们。

**狄** 玛加利，一定要同情失败的人，同情那些老是失败的人——特别是干我这行的。要是有法子让他们在失败了三十九年之后突然一举成名，该多好啊!

**玛** 敢情。

**狄** 敢情。

**玛** 好是好，可怎么实现呢，爸?

**狄** 写信。“东南区阁楼公寓，顶楼，汤姆·伤心先生收。尊敬的先生，——国王陛下欣然购进阁下的杰作《马劳渡风景》。”

**玛** “又启者，我把画价用一袋现金送上，让您能听见铿锵之声。”

第二幕到此基本上结束。第三幕里，这些到神秘的树林里去经历第二个机会的人陆陆续续回到房子里边，自然另有一番热闹。叹息的，抱怨的，觉悟的，议论纷纷，不能细说。总之是，当初每个人都是怀着既有后悔又有希望的心情走进树林子去的，出来的时候各人的感受可不一样。浦尔第的梦想实现了，跟情人结成夫妻，可是他自己的为人丝毫没改，又跟另外的情人调情，他忘了这就是他原来的夫人。在一定程度上，狄尔塞的梦想也实现了。他把酒戒了；他在画画中自得其乐，虽然没发大财；特别使他满足的是他有了一个可爱的女儿。可是回到现实的世界，他是不胜其怅惘。狄太太（爱俪思）的遭遇是不幸的。她先是如愿以偿，嫁给了她向往的阔人，没料到他是个骗子。她到处流浪，弄到乞讨为生，而且乞讨到她的前夫身边（她当然不认识他），这真是个天大的讽刺。这几个主角之外还有些配角，也都在这神秘的树林一进一出之间获得一些可喜、可惊、可叹的经历。总之是每个人都做了一场梦，除了别墅的主人娄伯。

J.M.Barrie 一生写了三十八个剧本，其中数《可敬的克莱登》和《潘彼得》最有名，前者有余上沅和熊适逸两个中文译本，后者好像也有译本，身边没有书可供查考，说不出译者姓名。《亲爱的勃鲁托斯》名气没有那两种大，可是第十五版《不列颠百科全书》里他的小传的作者认为比那两种更好，代表 Barrie 的最高成就。

## 6.《书太多了》

今年春节期间，因为感冒，在床上躺了几天，感觉无聊，随手拿来几本书消遣。其中有一本是《现代英国小品文选》（牛津大学出版社《世界名著丛书》第二八〇种），共收文章四十七篇，其中有两篇谈的是书多为患，很有点意思。

一篇的题目就叫做《书太多了》，作者 Gilbert Norwood（1800—?）。大意是说千百年来出版了无数的书，现在每年还在大量增加，“我们被书压倒了，憋死了，埋葬了。”（以下撮叙，免加引号。）请不要误会。我不是指那些“博学”之书，也不是反对那些无聊的低级趣味的小说。我说的是那些好书，英国的和外国的种种名著。相传有句话：萨福的诗少，但都是玫瑰花。可是如果每张桌子上都铺满玫瑰花，每棵行道树上、每根路灯柱子上都挂满了玫瑰花，走进电梯，铺满了玫瑰花，打开报纸，掉出来一堆玫瑰花，怎么办？要不了几天就得发起一个消灭玫瑰花运动。

书，好书，名著，多得不得了，怎么办？对待这个问题，大致有四种办法。一种人是干脆放弃。他说："我没有时间。"可是他一辈子内心惭愧，人怎么能不读书呢？

第二种人是心里盘算，哪一类作品他读得了，然后找个似乎说得过去的理由把其余的书全都给否了。如果有个青年向他求教："您觉得吴尔芙夫人怎么样？"他就回答："亲爱的先生，关于吴尔芙嘛，我的意见恐怕对您没什么用。我怕我是落伍了。这些现代派在我看来是迷路了。我觉得菲尔丁和奥斯丁更合我的胃口。"那个青年想，吴尔芙大概不怎么样。

第三种人面对这无法解决的问题，采取随大溜的办法。他把《泰晤士报文学副刊》里谈到的作品全都拿来拼命读；拼命读，因为他怕有比他更拼命的人跟他讨论他没读过的书。这第三种人在知识分子里占多数，到处都有。他们最坏事。文学有两大用处：主要的用处是引起并满足人们对生活更敏锐的感受；较肤浅的用处是在社交场所提供谈助。这第三种人不但是对第一种用处全无认识，连第二种用处也让他搞糟了。人们走到一起，谈谈彼此看过的书，目的是找个共同的题目交换彼此的乐趣。可是这第三种人往往与此相反。他挑选一个多产的作家，盘问他的俘虏，终于找着一本后者没读过的书，于是大发议论，说这本书怎么怎么的好，是这位作家首屈一指的杰作。我们崇拜商业，把读书这个高贵的艺术也给毁了，因为虽然竞争是做生意的命根子，它可是破坏社交及其艺术的毒药。生活中最好的东西的繁荣，有赖于共享而不是通过垄断。

第四种人最可尊敬。他们的主张可以称之为精华主义。他们说，“我们既然无法读所有的好书，那就让我们认识一下从古到今东西各国的最好的东西吧。”他们先饱尝一顿英国文学，然后转向但丁，歌德，托尔斯泰，拉辛，易卜生，塞万提斯，维吉尔，荷马。这些读者令人尊敬，但不足效法。事实上他们是大大地误会了。不能因为一位作家举世尊崇，就断定每一个读者都能够从他得益。一个十二岁的孩子，尽管聪明，无法领会弥尔顿或者萨克雷的奥妙。为什么？因为他还没有为了领会他们的作品必不可少的生活经验。这个道理适用于精华主义的信从者。把一位刚刚浏览过英国文学的读者匆匆领到那些外国大作家面前去，他会丝毫不感兴趣。熟读莎士比亚戏剧的人会觉得拉辛傻头傻脑；受过英国诗歌传统熏陶的人会觉得维吉尔扭捏、荷马幼稚，但丁根本不是诗人；在英国心理教条里泡大的人会认为易卜生是个老混蛋。

他们苦闷，然而不敢不读下去，因为这些人是伟大的作家。他们不知道要领会这些作家的作品，得先熟悉他们的文学传统，熟悉他们的民族文化，而初次接触的人是不具备这种条件的。任何作家都要求他的读者有一定的装备，越是大作家，对读者的要求越大。这些大作家总结了他们的民族的政治上、宗教上、哲学上、文学上的丰厚经验。精华主义是一种海市蜃楼。文学不能这样来领会，生活也不能这样来领会。比如阿尔卑斯山的少女峰，把六尺峰顶锯下来，搁到您府上的后院里，邀请您的朋友们来鉴赏它的宏伟景色，能行吗？这种方法用到旅游上，大家都知道是不行的。一个人熟悉伦敦、巴黎、纽约、罗马，不等于认识了英国、法国、美国、意大利。还有，在文学里边也像在生活里边一样，真正打动人的是细节。明白地狱里的地形是一回事，让但丁成为你的精神财富的一部分是完全另一回事，得通过注意、理解，消化那些个恰好是你说“没时间，顾不上”的细微情节。

精华主义的最有代表性的表现是那些可怕的《世界最佳书目》。谁看见了这种书目都会头痛。为什么？因为这种书目不近人情。没有人能照单全收，虽然每个人都会喜欢其中的这几种或那几种。拼凑这样的书目有点像在世界著名的雕像中这儿截取一个最美的脑袋，那儿截取一只最美的胳膊，拼成一座最好的雕像。这能行吗？可就是有那样的书目。结果呢？成千上万的人在追求合成文化，正如有人买合成珠宝一样，在他们的普普通通的西方脑筋里嵌上几块《梨俱吠陀》，像一个霍吞托人戴上一顶丝绒礼帽。正是由于有这些书目，才让基本上读不下去的书留在人们的手上。

这四种读者都没能解决书太多的问题。怎么办？有人说，“能读多少读多少，读不了的让它去。”这也不成，因为那一大堆读不了的书发挥坏作用。它叫老实人心里烦，悲观；它让不老实的人像煞有介事，生骄傲心。只有一个办法：大批地销毁。好书，烧掉它十分之九；坏书，不用咱们操心，有一种力量像地心吸力那样把它往造纸厂拽。倒是会出现两个问题：销毁哪些书？用什么程序进行销毁？Norwood 说，他都有答案。

以下，他回答这两个问题，一板三眼，把笑话当正经话来说，有点斯威夫特的味道，我就不介绍了。下面介绍第二篇文章，题目就叫做《毁书》，作者 G.C.Squire（1884—?）。这篇文章不长，抛去头上一段，译抄如下。虽然加了引号，可也不是一字不落的翻译。

“书这东西，毁起来也不是很容易，有一回差点儿把我带到绞架的影子里。那时候我住在彻尔西的一家公寓的顶层小套间。不高明的诗集一本一本地聚集成堆，到后来我不得不在两个办法之中进行选择：要么把这些书赶出去，要么把房子让给它们，我自己另找住处。这些书卖不出去，没人要。所以我只有把它们扔出去，或者把它们彻底消灭。可是用什么办法消灭呢？我没有厨房里的大炉灶，我不能把它们放在小煤气圈上烤，或者把它们撕开，一片一片地放进我书房里的小火炉里烧，因为不把一本书拆开就想烧掉它，就跟要烧掉一块花岗石一样难。我没有垃圾桶；我的垃圾倒在楼梯拐角的一个活门里，顺着一条管道往下走。我的困难是有些书的开本大，会把管道堵住；事实上，房管处已经在门上写好'只准倒脏土'。并且我也不想让这些书囫囵着出去，让哪位倒霉的清洁工家里人从这些书里对英国的诗坛得出错误的印象。所以最后我决定用许多人对付小猫的办法来对付这些诗集：把它们捆起来送到河里去。我缝了一个大口袋，把那些书塞进去，往肩膀上一背，走下楼梯，走进黑夜。

"我到了街上，差不多已经是午夜。满天星斗；黄里透绿的灯光在马路上发亮。街上很少行人；拐角处的树底下一个兵士搂着一位姑娘告别；时而听到要过白特西大桥回家的行人的脚步声。我把大衣的领子竖起，把我的口袋在肩膀上安顿好，大步走向一个咖啡店有亮的窗户，那是大桥这一头的标记，桥上的钢梁依稀可见。往前经过几家门面，我跟一位警察对面走过，他正在用电筒检查人家地下室窗户上的镣锦。他回过脸来。我觉得他有点怀疑之色，不禁微微发抖。我想，他会不会怀疑我口袋里边是赃物？我不害怕，我知道我禁得起检查，没有人会怀疑我这些书是偷来的，虽然它们全都是初印本。然而我免不了还是有点不自在，谁让警察用怀疑的眼光看上一眼都会不自在，谁让人发现在偷偷摸摸干什么，不管多么无害，都会有点不自在。那警察又往前走，显然他认为我是清白的。我继续前进，竭力抑制自己，不让走快，一直走到堤岸。

“这个时候我才忽然明白我的行动意味着什么。我靠在堤岸的短墙上，朝下看那河里的淡淡的发亮的漩涡。忽然在我附近响起了脚步声；我不由得一步跳离短墙，又开始向前走，装出一副满不在乎而若有所思的样子。那过路人走过我身边，一眼也没看我。那是个流浪汉，他有他的思虑。我又站住，骂我自己没出息。我想，‘该动手了。’可是正当我要把书扔进河里去的时候，又听见脚步声——慢而整齐。忽然一个念头，像可怕的蓝色的闪电，在我脑子里出现：‘掉进水里去的泼剌一声怎么办？一个人深夜靠在堤岸的短墙上；他的俩胳膊一挥；水里大大的一声泼剌。任何看见或者听见的人（好像总是有人在附近）一定，并且有充分理由，都会立刻冲过来抓住我。他们准会以为我扔下去的是一个婴儿。我要是告诉一个伦敦警察，说我冒午夜严寒偷偷地走到河边，为的是摆脱一口袋诗集，他能信吗？我几乎能听见他的粗糙的嘲笑声：‘你去说给水上警卫队听吧，你小子！’

“就这样，我走过来，走过去，也不知过了多大工夫，越来越怕让人瞧见，一会儿鼓起勇气去干，又在最后一分钟退却。最后我还是干了。在彻尔西大桥的中段有几个伸出去的带座椅的半圆形。我憋足了气离开堤岸一直走向第一个半圆形。到了那儿，我跪在了座椅上。朝下一看，我又迟疑了。可是我已经义无反顾。我咬牙对自己说：‘怎么？你一向在朋友面前充好汉，可实际是个缩手缩脚的胆小鬼？你这回干不成，以后再也抬不起头来了！不管怎么样，即使你为此而被绞死，那又怎么的？天哪，你这没出息的东西！比你好的人上绞刑架的有的是！使上绝望带来的勇气，我把肩膀上的东西朝下一扔。那口袋垂直往下掉。大大的泼刺一声。过后恢复了静悄悄的。没有人来。我走回家；边走边想，那些书掉进冰冷的水溜，慢慢地沉下去，最后停留在河底淤泥里，无人理会，被人忘却，无情的世界若无其事地朝前去。

“可怕的蹩脚的书，可怜的无辜的书，你们现在还躺在那儿；现在已经盖上一层淤泥，也许；也许有那么一小块麻布片儿从装你们的麻袋里伸出来，在浑浊的河水里飘荡。献给达爱娜的颂歌，赠给爱赛尔的十四行诗，以兰斯洛骑士的恋爱为题材的剧本，远望威尼斯感赋，你们躺在那儿不生不死，你们也许不该遭遇这样的命运。我待你们太狠了。我很抱歉。”

这两篇文章都从书太多了说起，都归结为要毁掉一些书。可是理由不同：前一篇是说书多了看不过来，后一篇是说书多了没地方搁；前一篇是替众人着急，后一篇是为自己辩解。两篇文章的用意也不同；前一篇评论几种读者的不同读书法，后一篇刻画一个人事涉嫌疑时的心理状态。两篇文章都是寓庄子谐，这是英国小品文常用的手法，有悠久的传统。

好书太多，读不过来，怎么办？照我看，这也跟游泳一样，走进水里去再说。免不了要喝两口水。多数人都是这样学会游泳的，也有人学不会，那也没办法。

至于书多搁不下，我有切身的体会。并且我看《光明日报》的《东风》副刊上登的《我的书斋》系列文章，有不少是为不能把书全上书架诉苦。有人把书搁到衣柜顶上，有人把书塞到床底下。我深深感觉，空间、时间、金钱这三样东西可以交换。空间大，书摆得开，要哪本书，手到拿来；没有这个条件，就只能拼时间，从柜顶上、床底下一摞一摞取出来，一本一本找。你有钱，可以请人抄材料，省下自己的时间，也可以扩大居住面积，不但是不必跟老婆（或丈夫）儿女争座位，还可以坐拥书城，“顾而乐之”。但愿在不久的将来这不再是痴人面前说梦。

[后记] 这篇“杂览”在《读书》上发表之后，我又想起法朗士的一篇随笔。说的是有一天他发现他用来装很多作家送给他的初印作品的旧澡盆已经满了，他就打电话请来一位收书的。这位收书的把澡盆里的书装进他带来的几条麻袋，然后掏钱给法朗士。法朗士说：“怎么？您给我钱？我还以为我得给您酬劳呢!”这跟 G.C.Squire 的那篇《毁书》有异曲同工之妙，都是挖苦那些初出茅庐的作者给文坛名人尤其是评论家送书的徒劳的。

# 7. 买书·卖书·搬书

前年我写了一篇《书太多了》，登在《读书》1988年第七期上，里边摘录两位英国作家的文章，其中第二人是G.C.Squire。最近在旧书堆里翻出他的一本随笔选集《美人鱼酒店里的生活》，重读了一遍，里边有不少篇谈到与书有关的事情，现在挑出三篇来给《读书》的读者做个介绍。关于作者的生平，我在一本《现代诗选》的“作者介绍”里找到他的小传：生于1884年，剑桥大学圣约翰学院毕业。诗人，评论家，随笔作家，也写过短篇小说。曾任《新政治家》文学编辑和代理主编，《英国文学家传记丛书》主编。最为世人所知的是1919年创刊文学杂志《伦敦信使》并任主编直到1934年10月。他的著作，除书评集三卷外，有随笔集、短篇小说集以及诗集多种（正经的创作和游戏性的仿作）。在这相当简单的小传的头上安了个头衔，说他是一位有名的journalist，这个字在英汉词典里都翻译成“新闻工作者”，可是这位作家怎么样也难于列入“新闻工作者”的队伍，这也可以算做在不同的语言里往往有名目相同而实质不完全相同的字眼的例子。

我要介绍的第一篇文章是讲买旧书的，题目却是《一位朋友》。他先从旧书市场里善本越来越少，价钱越来越贵说起，说这都是那些美国大学来英国重金搜购的结果。然后说在伦敦的偏街小巷，尤其是在外地小城镇的书店里，也还能不花很多钱买到已经罕见的书。他说他有一位新近去世的老朋友就有这个本事。他的藏书只有几百本，可都是他“发现”的。他知识广博，使他能够一眼就看见那种外行人看不出有什么可稀罕的书。他好像有一种本能，走进一家书店就径直走向那唯一值得一看的书架。我偶尔想起几件往事。有一回在白教堂路一架卖旧书的手推车上——那儿的书都是拍卖场里筛下来的——他捡了一本16世纪初年Pynson印书馆的黑体大字书，有非常悦目的木刻插图。我又曾经跟他一块儿走进Bloomsbury的一家书店，看着他无目的似的登上一个梯子，不露声色地从书架的最高一格取下三本黑体字小书，亨利八世的法规集，其中有一本是不列颠博物院所没有的。在这种事情上，关键在于他的博学在书店老板之上，因为有些书的价值是在表面之下的。然而他不是一位隐士，一个怪人，一个驼背的书呆子。他不是通过书本看人生；他做他的本职工作——给一个学院编书目；他划他的船，他喝他的酒，他仰看青天，俯视大地。然而他爱书。他在书上花费很多时间。早餐的时候，他看书商寄来的书目；午饭的时候，他改正参考书里的错误。他走到哪儿都随身带着一本小牛皮装订的旧书。

另一篇的题目叫做《可怕的卖书人》。文章一起头说，人们常常埋怨，卖书的人对于他卖的书知道得太少了。如果卖书的人是个懂得书的人，顾客会买更多的好书。这个话有点道理。确实有少数卖书的人爱好“培养”有希望的青年顾客，让他们终于成为坚定的买书人。事实上，我们不妨说，从买书人的角度看，理想的世界是卖新书的人对于他卖的书无所不知，卖旧书的人对于他卖的书一无所知。就这后半句话说，我早些时候的一次经历足以证明。我不止一次遇到卖旧书的，他的学问让你甭想从他手上买到一本便宜书；可这一回我遇到一位对他店里的书的兴趣之浓使我一本也没买成。他不是一位真正“行家”，很可能他的店里有真正的珍品而他一无所知。可是他的知识的渊博，那是没有疑问的。我走进他的书店的时候，他正坐在那里看一本什么书，眼镜推在额头上，胳膊支在桌子上，两只手埋在头发里，胡子几乎碰着书。我说，“我到处看看行吗?”他说，“没问题。您的兴趣在哪方面?”我的回答是不着边际的，“哦……书。”他说，“书的门类可多了。您喜欢诗吗?”我轻轻地嗯了一声，他就把我领到他放诗集的书架那边。可是还没等到我取出一本书来，他已经让我明白，真正“到处看看”的是他不是我。您看，这是 Kirke White 的一本诗集。您看过没有? 他那首赞美诗真了不起! (从头到尾背一遍) 他那一生! 屠夫的儿子，律师的书记。有数学的天才，剑桥给他奖学金名额。不幸早死，否则很可能成为英国文学史上一颗明星。您对意大利文的书感兴趣吗? 这里有一本书品很好的《订了婚的一对》。这本书的印数可真不小! 当然，买的人多才印得多啊! 他这么滔滔不绝，我怎么拦也拦不住。我的手指头刚刚碰着一本书的背脊，他已经另外拿出来一本，把我拉过去热情介绍。这回是葛德文。您喜欢他的小说《开勒白 · 威廉》? 当然! 可是您读过他的英国史吗? 这本书是对克拉伦登的英国史的答辩。克拉伦登是一位大作家，可是他不公正。于是从克拉伦登谈到查理二世，从查理二世谈到他的情妇。然后话锋一转，拿出 1784 年出版的一本书，那里边谈到制造首相的秘方：主要成分是虚伪、诈骗、腐败、撒谎。这一下打开了闲扯淡的大门。1784 年的首相是谁? 当然，是小皮特! (“对，”我说。) 不对，是洛金罕。(“对，”我说。) 不对，是布特。就这么扯下去。在这家书店里我一共待了两个小时；两小时之中，我钻空子翻看了六本书，六本没什么意思的书。我敢说这个书店里真有好书，可惜没让我碰上。我一本书也没买走了出来，书店主人很不高兴，他的热情遭到这样的冷淡。我不知道这老头儿怎么养家活口。我想他大概有点儿家底。可是从此以后我对另一路红鼻子的旧书店老板要比以前更有好感，他只知道书的“外情”，他坐在他的店里一个角落的旧书堆上抽他的烟斗，像一个流浪汉坐在路边石子堆上休息一样。可惜这种书店老板现在不多了。

第三篇文章谈的是书房搬家。作者说，我刚刚做完一件事——把我的书房从一间屋子搬到另外一间，我虔诚希望我在这一间里度过我最后的日子，虽然正像首相先生那样善为说辞，“宁可晚点儿，而不是早点儿”。我一个晚上又一个晚上来回爬楼梯，把楼上的书往楼下搬，——我从来没想到我的书有这么多。一趟又一趟，单调得像坐环行线的地铁：空着手上楼，然后弯腰驼背，两只手和一个下巴颏儿紧紧夹住老想中途逃窜的厚厚一摞书，一步一步蹭下楼。这种事情开了一个头就没法子半途而废；可是在进行之中有时候真是恨透了书，就像建造金字塔的奴隶恨一切纪念碑一样。又苦又冲的厌书症淹没了一个人的灵魂。让这一大堆纸、油墨和死人的思想感情把你捆得紧紧的，多么可耻啊！

让这些乱七八糟的东西老老实实地待在那儿，让自己作为一个自由自在的、无拘无束的、不识字的超人走向世界，岂不好得多、高得多、勇敢得多吗？文明！去它的！幸而好，这种心情在我身上只是昙花一现。它随着乏味的体力劳动的需要而产生，也随着这种需要的消灭而消灭。然而搬运本身几乎是这一连串操作里边最短促、最少烦恼的一步。给你的书打打土，是可做可不做的，但是把你的书整理好，那麻烦可大了去了！

当然，如果你是连书带书架一块儿搬的，那就好。你可以把书取出来，按原来的次序放在地板上，等书架搬齐了，再把书搬上架，各归原位。可如果不是连书架一块儿搬，而你又喜欢物以类聚，书以群分，那就麻烦了。我的情形是再坏没有了。把我从里边撵出来的书房是矮而方的；把我赶进去的那一间是高而拐个弯的。我的原来贴墙的书架没有一个能配合我的新的书房的墙；书架全得新做，要比原来的多，形状和排列都得完全改变。旧的安排绝对不能再用，可是要设计一个新的方案让我额头出汗。如果是个从来不想到去查书的人，事情好办，把大书搁在高格子上，把小书搁在矮格子上，然后背靠在最近的柱子上，掏出烟斗，抽一袋自得其乐的烟儿。可是对于一个要知道哪本书在哪儿，并且有一种系统分明、秩序井然的要求的人，这是不可能的。哪怕是系统性不强的人也要除书的大小之外还按书的内容分分类；而且，拿我来说，还得加上一重困难，那就是非常强烈的时代次序感。因为这对于找书极其方便。可是如果你的新的架阁跟你的旧的安排完全不能配合，大本子的什么汇编的册数多得不得了，非要侵占给大本子的纯文学保留的格子，小本子的外围诗集硬是挤进了为小本子的国际贸易、伦理学、考古学保留的领地，那你就只能干着急。我现在就正处于这种状态；广阔的地板上铺满了锯末，白土子，钉子，烟灰，火柴头，以及世界上伟大作家的伟大著作，而我坐在它们中间。幸而，用罗斯金的话来说，“我将在好久好久好久之后才会再搞这么一回。”

抄完了要抄的文章之后，少不了自己也得说上几句。Squire在这里谈到一位善于买旧书的朋友，精通版本目录之学，可是也许是缺少当藏书家的财力，也许是没有当藏书家的兴趣，始终是个玩儿票的角色，只有为数不多的善本书，可也自得其乐。中国的藏书家是有长远的传统的，即使到了今天，除了像西谛、黄裳等名家以及不愿意出名的藏书家之外，像 Squire 介绍的“一位朋友”那样的业余性质的藏书家，我们这里应该也不少吧。很希望有人谈谈。

Squire 介绍的“可怕的卖书人”确实可怕，幸而我们这里没有。我们这里有的是，或者说多的是，一问三不知。当然，这是卖新书的书店里的情形，古旧书店的情形好些。可是即使在古旧书店，能够对顾客不即不离，善于引导的朋友似乎也日见其少了。

最后谈到搬书，这实在是非常苦恼的事情。Squire 讲的搬书是要求插架井然，要什么书一索即得。在我辈看来，这个要求是太高太高了。我们的最高要求仅仅是有足够的空间把所有并不太多的书安顿下来，并且能够按常用不常用的顺序分别安排在容易拿、比较容易拿、难拿、十分难拿的地方。如此而已。这是就已经定居的地方而论，要讲到连人带书一块儿搬家，那个苦恼就更大了。

**图书在版编目（CIP）数据**

语文常谈／吕叔湘著. —2 版. —北京：生活 · 读书 · 新知三联书店，2018.3 （2025.7 重印）
ISBN 978－7－108－06238－3

Ⅰ. ①语… Ⅱ. ①吕… Ⅲ. ①汉语－基本知识 Ⅳ. ① H1

中国版本图书馆 CIP 数据核字（2018）第 026890 号

责任编辑 唐明星 张 琳
装帧设计 朱 锷 薛 宇
责任印制 董 欢
出版发行 生活 · 讀書 · 新知 三联书店
（北京市东城区美术馆东街 22 号）
邮 编 100010
经 销 新华书店
印 刷 河北鹏润印刷有限公司
版 次 2008 年 11 月北京第 1 版
2018 年 3 月北京第 2 版
2025 年 7 月北京第 19 次印刷
开 本 787 毫米 × 1092 毫米 1/32 印张 7.25
字 数 118 千字
印 数 185,001－190,000 册
定 价 29.00 元